プロ野球 FA宣言の闇

中島大輔

亜紀書房

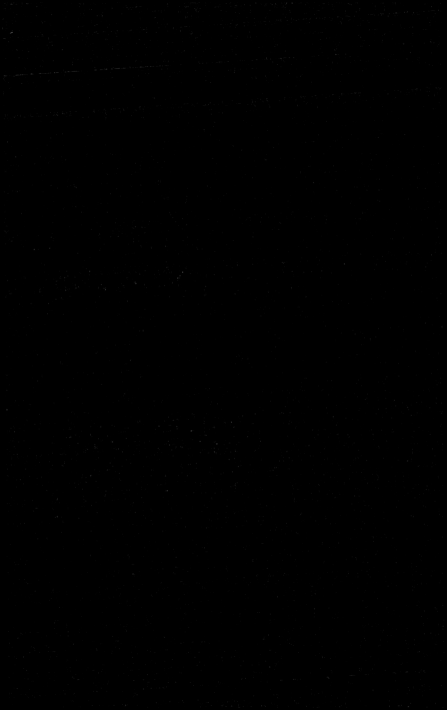

プロローグ

プロ野球でこうした違反行為がおこなわれていることは、しばしば耳にしていた。

しかし、まさか突然自分の身に降りかかってくるとは、夢にも想像していなかった――。


パ・リーグのクライマックスシリーズ（CS）・ファイナルステージ、埼玉西武ライオンズ対福岡ソフトバンクホークスの頂上決戦が真っ只中の二〇一九年一〇月某日。

取材に出かける準備をしていると、スマホが鳴った。画面の着信表示を見ると、何度か飲みにいったことがある、某球団の編成部スタッフからだった。

球場で顔を合わせることはときどきあるが、電話がかかってきたのは初めてのことだ。

宮崎県で若手の育成を主目的に開催されているフェニックス・リーグを視察中だというその編成担当は、軽い近況報告を済ませると、本題に入った。二〇一九年シーズン中にフリーエージェント（FA）権を獲得した西武の右腕投手、十亀剣《とがめけん》の去就について探ってきたのだ。

私は西武の取材をよくおこなっているが、十亀とは球場で会った際に取材や挨拶をするくらいの間柄だ。まったくもって彼の胸の内を知るよしはない。

いや、一つだけ知っていたことがある。

梅雨が終わりを告げた頃、取得したばかりのＦＡ権について十亀にたずねると、複数年契約を欲していた。あくまで一般論としての話だ。残留や移籍を見越しての答えではない。しかも取材時からすでに数カ月が経ち、もう心変わりしている可能性もある。この話はインターネット媒体のコラムにも書いており、編成担当にもそのまま伝えた。

「そうなんだね。複数年契約を欲しがっているのか」

編成担当はそう語ると、突如、電話越しに〝条件提示〟を始めた。

「うちに来れば●●●●万円くらいの年俸を出すことができる。インセンティブをつければ、今の年俸より条件もよくなるはずだ。起用法としては先発として考えている。うちでは先発の五、六番手を争う扱いになると思うけど、一年間ローテーションで回ってほしい。悪くない話だと思うんだよな。ちょっと様子を見て、十亀にこんな話があると聞いてみてくれない？」

最初の世間話と同じトーンで〝条件提示〟してきたことで、この編成担当にとって、同様のやりとりは日常茶飯事なのだと想像できた。

たしかにペナントレースが終わって秋のポストシーズンに突入した今、各球団は翌年の戦力をそろえていく時期である。

ただし日本一をめざす西武にとってみれば、CSというシーズンの中で極めて大事な短期決戦を戦っているタイミングだ。あくまで外部の観察者である記者が、選手に雑念を持たせるような話を振れるはずがない。

個人の去就問題という、人生の岐路になるような重要な話を一介のフリーライターにすぎない私が選手に対しておこなえば、さまざまな意味で一線を越えることになる。もしここで〝伝書鳩〟になれば、その行為が意味するのは「タンパリングに加担する」ということ以外にない――。

直訳すれば「改竄《かいざん》」や「勝手な変更」を意味する**タンパリング**（tampering）は、プロ野球の世界では「事前交渉」として禁止されている。一二球団は所属選手に対して**保留権**を有しており、FAや自由契約となる前に他球団が獲得に動いてはならない。日本プロフェッショナル野球協約の第七三条「保留を侵す球団」でそのように規定されている。国内に限定した話ではなく、メジャーリーグ（MLB）球団の契約下にある選手にも事前交渉は禁じられている。

フェアネスの精神が重んじられるスポーツの世界で、タンパリングは当該組織の成立前提を根底から揺るがす事態を引き起こしかねない。どの団体でも固く禁じられている行為だ。

一方で一九九〇年代から携帯電話が普及して以降、人と人がコンタクトをとるのは劇的に容易になった。電波上での事前交渉を取り締まるのは極めて難しい。

だからこそアメリカのNBAは二〇一九年九月、タンパリングへの罰則強化を決めた。罰金額は最大一〇〇〇万ドル、ドラフト指名権の剝奪なども規定されている。「Number」(九八七号)の記事「NBAがタンパリングの罰則を強化。公平性を保つ文化であるために。」によると、「毎年5チームへの抜き打ち監査をおこない、関係者の携帯を調べる権限もコミッショナーに与えた」という。

ひるがえって日本のプロ野球では、先の私の例のように、タンパリングをほのめかす球界関係者が無数にいる。にもかかわらず、日本野球機構(NPB)は有効な対策を何も打てていない。

その結果、チームのために長年貢献してきた選手と、無償の愛を注ぐファンが「不幸な関係」に陥る事態が続出している。

近年の例で言えば、二〇一八年オフ、東北楽天ゴールデンイーグルスに移籍した浅村栄斗《あさむらひでと》だ。この年、西武のキャプテンとして一〇年ぶりのリーグ優勝に大きく貢献した浅村は、CSファイナルステージ敗退から一五日後、FA権の行使を表明した。

最終的に楽天への入団が発表されるまでに囁《ささや》かれた噂は、西武ファンにも各種メディアを通じて届いた。「東スポweb」の記事「楽天　浅村獲得成功の裏に『情報戦の完勝』」（二〇一八年一一月二二日付）にあるように、西武時代にチームメイトだった石井一久《いしいかずひさ》がゼネラルマネジャー（GM）を務める楽天は、浅村の交際相手である女性フリーアナウンサーを自社制作の動画メディアでインタビュアーとして起用するなど〝外堀〟を埋めていった。

一方、浅村は楽天を上回る条件を提示したと報じられるソフトバンクを移籍先に選ばなかったばかりか（楽天が実際に契約した年俸は、報じられている金額＝四年総額二〇億円より高いという話もある）、獲得に手を挙げたオリックス・バファローズには交渉のテーブルにつくことさえ断っている。

こうした一連の動きを報道で知った西武ファンは、浅村と楽天が初めから「話ができていたのでは」と勘ぐり、一〇年ぶり優勝の「功労者」は「裏切り者」に変わったのである。

抑え切れなくなった鬱憤や憤りなどをツイッターやブログに投稿する西武ファンを見ていて、NPBのFA制度は機能不全を起こしてはいないかという疑問を強く持った。

あれほどファンに愛されていた選手が突如、「憎悪の対象」に変わる。スポーツの世界では古今東西、ライバルチームに移籍した選手をファンが嫌うようになるのは決して珍しいことではない。しかし日本のプロ野球におけるFAは、他の競技の移籍とは少々異なる意味合いをはらんでいるのも事実だ。ドラフトで指名されて入団したチームに長年尽くし、その功績としてようやく手にした、自分の意思で自由に所属先を選択できる権利がFAなのである。

世の中の物事は左から見るか、右から見るかで大きく変わって映る。

FA権を取得した選手からすると、決して長くない現役生活で少しでも多く稼ぐため、金額や複数年契約などの好条件を求めるのは当然だ。新天地で自分の力を試したいと思うのも、己の腕一本で食べているアスリートなら不思議な話ではない。

一般社会のビジネスパーソンにとっても、転職してキャリアアップをめざすのは今や普通の話だ。野球ファンのなかにも、そうやってキャリアを築いている人が一定数いるだろう。ならば、選手がそうやって自らの価値を高めようとすることを、少なくとも頭では理解できるはずだ。

しかし同時に、好きで応援してきた選手には、愛する我がチームにずっと在籍してほしいと願うのがファン心理である。人々がスポーツに注ぐ愛情は、決してビジネスライクでは片付けることができない。

だからこそ、思うのだ。そもそも選手にFAを「宣言」させる制度のあり方こそ、選手とファンを「不幸な関係」に変える、諸悪の根源なのではないだろうかと。

世界のプロスポーツで**「フリーエージェント」**という制度が最初に誕生したのは一九七六年、アメリカのMLBだった。NPBでは遅れること一七年、一九九三年オフに導入された。

ただし、日米の「フリーエージェント」には決定的に異なる仕組み（思想）がある。

「Free Agent」という英語が意味するのは、「自由契約」だ。NPBで使われている自由契約という言葉には、まるでクビになったかのようにネガティブな意味合いが含まれている一方、MLBのそれは文字どおり、選手が自由に契約できることを意味する。八軍からなるMLBでは、一軍にあたるメジャーリーグに六年在籍すれば選手と球団の契約は満了となり、選手は自動的にFAになって移籍先を自由に探すことができる。

対してNPBの場合、**高卒は八年、大卒・社会人出身は七年の一軍登録日数に到達すれば国内FA権を取得できる**が（海外FA権はいずれも九年）、それだけでFAになれるわけではない。FAになることを選手自ら「宣言」しないといけないのだ。

「宣言させるのは、選手への〝踏み絵〟ですよね。二〇一八年だったら丸《まる》（佳浩《よしひろ》／広島→巨人）や浅村が自チームに仇《あだ》をなしたということに、形上はなるじゃないですか」

かつて横浜ベイスターズ（現DeNA）や広島東洋カープ、西武でプレーし、現在プロクリケット選手として活動する木村昇吾《きむらしょうご》は、自身がFA宣言したときの経験を踏まえてそう話した。

英語をカタカナの〝和製英語〟に変換し、本来の意味を曲解するのは日本人の悪い習性である。「Free Agent」が「フリーエージェント」へと日本球界独自の定義をなされた際、なぜ、選手に「宣言」させるというハードルがあえて加えられたのだろうか――。

頭に浮かんだ疑問は、インターネットでいくら検索しても解決できなかった。過去の新聞記事や文献を当たっても、その答えはまるで見つからない。

それならば……と思って自分自身で取材を始めると、想像をはるかに超える難問が待っていた。FA制度が成立したのは二五年以上前の話であり、当時の関係者たちはほとんど球界を去っている。すでに鬼籍に入っている者も少なくない。

長期戦を覚悟して取材を続けると、数人のキーマンに出会えた。そして、FAという制度に込められたさまざまな思惑や、「導入ありき」で検討された悪影響が浮かび上がってきた。

「FAの権利をとるまでは『楽しみだ』と言っていた選手が、『とってみたら使いにくく、ガッカリした』と言うのをよく聞いたりします」

そう話したのは、日本プロ野球選手会の事務局長を務める森忠仁《もりただひと》だ。森自身、阪神タイガースで六年間プレーしたことがあり、選手たちの気持ちはよくわかるはずだ。

毎年秋になるとファンの注目を集めるFAだが、一部のトップ選手しか権利を行使していないのが実情である。二〇一九年には七二人の日本人選手が資格を取得したものの（引退、戦力外、自由契約、退団は除く）、FA宣言したのはわずか六人で、九割超に当たる六六人が「行使せずに残留」を選択した。この事実は、ＦＡ制度の〝使いにくさ〟を何より物語っている。
不自由なフリーエージェント――。

選手会は当初、一軍と二軍を合わせたプロ野球選手の「全員」を対象として、自由に移籍できる権利を求めて行動を起こした。にもかかわらず、これほど使いにくい制度がどうしてでき上がり、現在も大きく変わらないまま運用されているのだろうか。

ＦＡ制度が成立した背景に迫っていくと、当時から現在まで続く、日本球界の「構造問題」にぶち当たる。セ・リーグとパ・リーグを統括するＮＰＢが、プロ野球全体の発展に向けてまるで機能していないのだ。ＭＬＢのようにリーグ全体の「成長」という視点があれば、もっとさまざまな手を打っていけたはずである。

例えば、近年話題に上がっている**エクスパンション**（球団拡張）だ。

二〇二〇年一月、ソフトバンク球団の会長を務める王貞治《おうさだはる》が福岡のテレビ番組で「野球界のためには、球団数は現在の一二よりも一六が望ましい。あと四つ新しい球団が誕生してほしい」と発言して大きな注目を集めた。

過去、エクスパンションを求める動きは外部から何度も起こっている。二〇一四年には自民党の政調会長代理だった塩崎恭久《しおざきやすひさ》が政府の成長戦略として提言をおこなった。ＺＯＺＯ《ゾゾ》の前社長、前澤友作《まえざわゆうさく》が二〇一八年に「プロ野球球団を持ちたいです」と球界参入の意思をツイッターで表明した際、他にも模索した企業があったと球界関係者は話している。二〇一九年には将来的なNPB加盟をめざして琉球ブルーオーシャンズというプロ球団が沖縄に誕生した。二〇二〇年四月、古田敦也《ふるたあつや》（元ヤクルト）は五年前から四つの自治体と一六球団構想を協議していることをテレビインタビューで明かしている。

　エクスパンションを成功させる条件の一つとして、選手の流動化を活発にしていく必要性が挙げられる。OBなどからは「球団数を増やせば、プロ野球のレベルが落ちる」と反対する声もあるが、持てる力を発揮できずにベンチや二軍で燻《くすぶ》ったままの選手は少なくない。例えば二〇一九年オフ、ソフトバンクで控えメンバーだった福田秀平《ふくだしゅうへい》はFA宣言すると、年俸三六〇〇万円から四年総額四億八〇〇〇万円プラス出来高（いずれも推定）という好条件で千葉ロッテマリーンズに迎え入れられた。福田のように環境を変えることで、今よりもっと輝ける選手がたくさんいるはずだ。

　選手会がそう考えて二〇一九年に提案したのが**現役ドラフト**（ブレイクスルードラフト）だった。詳しくは第3章で述べるが、「出場機会を与えられないまま二軍で燻ったままの選手が、チャンスを得られるような制度をつくってほしい」という趣旨での提案は、球団側から骨抜きにされようとしている。二〇二〇年一月にNPBが選手会に逆提案した内容を見ると、対象とする選手を「戦力外通告の当落線上にいるような者」と限定したのである。クビになりそうな選手を他球団に移すだけでは、わざわざ新制度を導入する意味は薄い。それでは現役ドラフトの本来の意義が大きく損なわれかねない。

「完成形ではなく、やってみていろいろ調節する部分が出てきてもいい」

選手会長の炭谷銀仁朗《すみたにぎんじろう》（巨人）は前年一二月にそう話したが（二〇一九年一二月六日付の産経新聞電子版より）、条件を妥協して導入を決めてしまえば、FA制度と同じ末路をたどりかねない。NPBのように旧態依然とした組織では、一度決められた制度を抜本的に修正するのは極めて難しいからだ。FA制度が「使いにくい」まま運用されつづけていることが、何よりの証左だろう。

同じ過ちを二度と繰り返さないためには、過去の検証が不可欠だ。選手たちが自由に球団を選ぶことができ、今より輝くことを見据えて導入が検討されたはずのFA制度は、なぜ、こんなにも球団有利に設計されるに至ったのだろうか。

その顛末を振り返ることは、未来のプロ野球にとって、大きな意義を持つはずである。

Contents

第2章

〝プロ野球村〟の掟とパ・リーグの遠謀

Contents

第4章 〝踏み絵〟を踏んで変わった男の人生

Contents

第5章 いま進むべきFA改革への道――団野村の証言

※本文中の人名は敬称略

第1章 「フリーエージェント制度」導入の舞台裏

議事録は存在しない

上越新幹線のJR高崎駅から在来線に乗り換えて五〇分ほど北上すると、群馬県のJR沼田駅に到着する。利根川に注ぐ片品川流域の観光拠点で、七〇〇〜一三〇〇メートル級の山々に囲まれたこの町は、埼玉西武ライオンズの高橋光成《たかはしこうな》が生まれ育った故郷だ。

二〇一九年七月上旬、私が沼田までやってきたのは、プロ野球にFA制度が誕生した一九九三年、日本プロ野球選手会の事務局長を務めていた大竹憲治《おおたけけんじ》に会うためだった。

「かなり遠いですけど、本当にいらっしゃいますか？　車か電車、どちらで来ますか？　私が住んでいるところは沼田駅から路線バスで一時間近くかかるけど、大丈夫ですか？」

電話越しで初めて話した大竹は、ずいぶん物腰の柔らかい印象だった。仕事や所用で上京してくるときを除き、群馬の自然に囲まれた環境で暮らしているという。

訪問者にとってそこがどんなに不便な場所だとしても、行かない選択肢はない。

FA制度は選手たちに対してなぜこれほど不利に設計されたのか。球団側との交渉の経緯を知るために、大竹はようやく探し出すことのできた関係者だった。

「議事録の有無は確認していませんが、あった場合も非公開のため、対応いたしかねます」

大竹に会いにいく二カ月ほど前、ＮＰＢの広報部に「ＦＡ制度がどうやって決められたのか、議事録があれば見せてほしい」とメールを送ると、素っ気ない回答が返ってきた。ダメもとでのお願いだったが、落胆させられたのは、「議事録の有無は確認していません」という箇所だ。仮に有していたら、このような答え方はしないだろう。

もっとも、議事録を残していないのはＮＰＢだけではなかった。

「探しましたが、見つかっていない状況です。合意文書はあったけれど、議事録は出てきていません」

二〇一九年シーズン開幕を二週間後に控える三月中旬、東京都中央区にある日本プロ野球選手会の事務局を訪ねると、事務局長の森忠仁はそう話した。

一般社会とは異なる「保留制度」という独特の契約システムの下でおこなわれているプロ野球において、フリーエージェントという制度は選手たちにとって極めて意義があり、同時に不可欠な権利であるはずだ。それがどうやって成立したのか、公式な文書に残されていないとは、何とも杜撰《ずさん》と言わざるを得ない。

それなら当事者に話を聞くしかないと考え、ＦＡ制度成立時に選手会長を務めていた岡田《おかだ》彰布《あきのぶ》（元阪神）に会いに神戸まで行ったものの、徒労に終わった。球団側とどんな交渉を経て詳細が決められたのかをたずねても、細かい話がまるで出てこないのだ。

「選手はゲームが最優先でしたからね。移動日とか、ゲームがないときに交渉しているケースが多いんです。それも年に二、三回だと思いますよ」

ＦＡ制度に関する取材を始めてから四カ月、恥ずかしながら何の成果もつかめていないことを告げると、大竹は柔和な笑みを浮かべながらそう言った。岡田が交渉の詳細を語れなかったのも、無理はない。選手たちは原案の作成や交渉にまつわる作業のほとんどを事務方に任せ、自分たちはあまり関わっていなかったというのである。

「僕が事務局長をやっていた頃は、選手たちは選手会の役員（会長や副会長、書記など）になりたがらないんです。労働組合の役職を務めて、球団に睨まれたくないからですね。自分たちの権利は守りたいし、地位も向上したいという気持ちはあるけれど、それを表に出すことができないんです」

自身も一九七〇年から一九七六年まで巨人でプレーしていた大竹には、当時の球団と選手の関係性がよくわかるのだろう。

昭和の頃のプロ野球は、労使の力関係が現在とはずいぶん異なっていた。雇用する球団の立場は、使われる側の選手たちより圧倒的に強かったと大竹が振り返る。

それをよく象徴する出来事が、日本プロ野球選手会が一九八五年に労働組合として登記された翌年シーズン終了後、ヤクルトスワローズの選手全員が脱退したことだ。当時のオーナーだった松園尚巳《まつぞのひさみ》が、選手たちの労組への加入はヤクルトのファミリー的な企業体質と合わないと考え、圧力をかけたためだと言われている。

NPBの選手たちがFAの権利を求めはじめたのは、ちょうどそんな頃だった。

目的はお金ではない

沼田駅まで迎えにきてくれた大竹と落ち合い、近くのファミリーレストランで食事をとり終えると、レコーダーのスイッチを入れた。大竹が最初に語ったのは、選手会としてFA制度を求める大義名分についてだった。

「そもそもFAを導入したいという要求を掲げたのは、入団するとき選手には制限があるわけです。ドラフトというね。そうであれば入ってから何年かして、自由に球団を選べる権利を与えてくれてもいいじゃないかと。『目的はお金ではない。自分たちの地位の向上と、球団を自由に選べる権利が欲しい』と主張しました」

日本人がNPB球団所属のプロ野球選手になるには、毎年秋におこなわれるドラフト会議で指名されなければならない。一九九〇年限りで「ドラフト外」という制度が廃止され、特例的な措置は一切なくなった。

裏を返せば、プロ野球選手たちには日本国憲法第二二条一項で保証されている「職業選択の自由」が極めて限定されていると言える。それこそが、選手たちが「自由に所属球団を選択することができる権利」＝ＦＡ権を求めた根拠だった。

一九八六年一月、日本プロ野球選手会は労働組合として初めての大会を開催し、会長を務める中畑清《なかはたきよし》（巨人）の下、三五項目からなる労働協約案の一つとして「フリーエージェント制の導入」をＮＰＢに求めていくことが決議された。

そして一九八九年二月、選手会の事務局長を務めていた大竹は具体案を発表した。

（一）ある球団に七年在籍、その九一〇試合中の五分の一に当たる一八二試合以上に出場（投手と捕手は九一試合）もしくは半分以上の試合に登録
（二）球団に一〇年以上在籍

選手会の案は、（一）か（二）のどちらかを満たした選手が特別資格（＝ＦＡ）の権利を得て、希望すれば、他球団に移籍できるというものだった。当時は年間一三〇試合制でおこなわれており、野手なら毎年二六試合に出場しつづければ、七シーズンでＦＡになることができる。

控え捕手のように試合に出場する機会が限られたとしても、一〇年間チームに貢献すれば、自由に所属先を求められる権利を要求した。現行のFAは実質的に一流選手しか取得が難しいのに対し、原案では控え選手も対象に含まれた点で大きく異なっている。

しかしNPB側は一九八九年五月、FA制度自体を認められないと回答した。当時の経緯を大竹が述懐する。

「選手会の要求に対して球団側は、『もし日本の球界にフリーエージェント制度が導入されたら、経営破綻する』と言いました。僕らとしては、『それは見えない何かに怯《おび》えているような感覚じゃないですか』と。『本来のあるべき姿は移籍の自由。それを認めてほしい』というのが僕らの主張です」

仮に選手たちにFA権を認めたら、資金力のある球団間で獲得競争が勃発し、全体的に年俸が高騰していくことが予想される。当時、パ・リーグの球団はすべて赤字経営を強いられており、もしも選手たちの年俸が総体的に高くなっていったら、とても払いつづけることはできないと考えられた。セ・リーグ各球団も年俸高騰を嫌がり、一二球団の総意として拒否した。

対して、選手たちは人権をもとに筋論を主張していく。大竹の「見えない何かに怯えている」という言葉は、当時の選手たちのもどかしさをよく表しているように感じられる。

立ち位置の異なる両者の主張は平行線をたどり、簡単には折り合いがつかなかった。

選手は人間であり、商品ではない

プロ野球選手の「職業選択の自由」は、たびたび各所で議論の俎上《そじょう》に載せられてきた。過去にもっとも大きな騒ぎになったのは、一九七八年のドラフト会議前日、巨人と江川《えがわ》卓《すぐる》が「空白の一日」を衝《つ》いて契約した際のことだった。

当時の日本プロフェッショナル野球協約では、ドラフト会議で指名した選手との交渉権は翌年のドラフト「前々日」までが期限とされていた。交渉地が遠かった場合、悪天候による交通機関の遅延などで球団関係者がドラフト会議に出席できない事態を予防することが目的だった。そんな協約の〝スキ〟を衝き、一九七七年のドラフトでクラウンライターライオンズ（現西武）から一位指名を受けていた江川と巨人は翌年のドラフト「前日」、つまりクラウンライターとの交渉期限が切れた翌日に、「ドラフト外」として契約を交わしたのだ。

これに対して「ルール破り」を指摘する声が挙がったものの、巨人は「職業選択の自由」を盾に契約の正当性を主張する。巨人がボイコットした一九七八年のドラフト会議で阪神が江川を一位指名すると、巨人は「全一二球団が出席していないドラフト会議は無効だ」とプロ野球コミッショナーの金子鋭《かねことし》に提訴した。結局、金子の超法規的措置により、江川は阪神に一度入団、すぐにトレードで移籍するという形で巨人入りを勝ち取った。このあまりにも強引な手法は物議を醸し、翌年、「選手の人権」という観点からドラフトのあり方が国会で議論されたほどだ。

プロ野球選手に「職業選択の自由」が限定されているのは火を見るより明らかだが、その是非について一般社会と同じ基準のみで判断することはできない。プロ野球は「**クローズドリーグ**」でおこなわれていることを考慮に入れる必要があるからだ。

サッカーのJリーグのように、一部リーグ（J1）で下位に沈んだチームが翌年二部リーグ（J2）に降格する仕組みは「オープンリーグ」と定義される。上下のリーグ間に入れ替えがあり、新規参入もおこないやすい。対してプロ野球のように最下位に沈んでも降格せず、同じチームが翌年も同リーグに所属しつづける仕組みは「クローズドリーグ」とされる。両者の設計でもっとも異なる点の一つが、「戦力の均衡」をどう維持するかだ。

オープンリーグの場合、Aチームが低迷して二部に降格しても、実力を蓄えたBチームが昇格してくる。資本主義と同じで、根底にあるのは、強くなるために努力した者が勝つのが〝正義〟という考え方だ。各クラブと選手たちは契約満了した場合はフリーで、あるいは契約中でも移籍金（＝違約金）を旧所属クラブに支払えば、他のチームに移ることができる。基本的に自由競争がおこなわれ、弱肉強食の世界だ。

一方、クローズドリーグでは降格という仕組みがないため、仮にAチームが何年連続最下位に沈んでも、一部リーグに残留しつづけることができる。逆に資金力のあるBチームが優勝しつづける可能性もあるものの、そうした事態が何年も続くと、当該チーム以外のファンは興味をなくしかねない。するとリーグ全体としてファン離れが進み、各チームは経営が成り立たなくなるリスクがある。だからこそ〝共存共栄〟が不可欠で、ドラフトなどの仕組みで戦力の均衡を図ることが重要になるのだ。

同様の観点からMLBで最初に導入されたのが、**「保留制度」**というシステムだった。

一般社会では雇用主と被雇用者が契約満了となった場合、契約更新するか否かは双方の意思で決められるのに対し、MLBやNPBでは球団のみが決定権を持っている。この保留制度が存在しなければ、引き抜き合戦によって優秀な選手は裕福な球団に集まり、各チームの戦力バランスが崩れかねないという理屈からだ。こうした発想から生まれた保留制度は一〇〇年以上前に起源があるとされている。

アメリカでこうした保留制度に疑問を抱き、後に誕生するフリーエージェント制度への流れをつくったのが、セントルイス・カーディナルスの外野手カート・フラッドだった。一九六九年シーズン終了後、フィラデルフィア・フィリーズへの四対四の複数トレードを宣告されたフラッドは、一二年間もカーディナルスでプレーして三度のリーグ優勝に貢献してきたにもかかわらず、一方的にトレードを告げられたことに憤慨した。カーディナルス残留を望んで裁判で戦うことを決意すると、コミッショナーのボウイ・キューンに以下の手紙を書いている。

「メジャーリーグでの生活も一二年を経過し私は自分が自分の意志とは無関係に売買される一片の商品だなどとは考えておりません。今回の結果をもたらしたシステムが、たとえどんな経過を持つものであるにしろ、私の市民としての基本的権利を侵害し、合衆国憲法及び州法とも相入れないことを確信するものです（後略）」（池井優「プロスポーツと法」、法律時報六五巻五号より。原文ママ）

フラッドの訴えは最高裁判所までもつれた末に却下されたが、保留制度の是非は大いに議論され、一九七六年のフリーエージェント制度誕生につながっていった。

選手は人間であり、商品ではない――。

フラッドに行動を起こさせたこの思想こそ、MLBにフリーエージェント制度が導入される源流にあったものだ。

対して日本のプロ野球選手たちは、メジャーリーガーたちとは異なる意識を抱いているように感じる。だからこそNPBのFA制度は選手たちにとって使いづらいように設計され、いまだにその影響を引きずっているのではないだろうか。

沼田のファミレスで大竹の言葉に耳を傾けていると、そう感じざるを得なかった。

自動FAのアメリカ、宣言制度の日本

「僕もメジャーのFA制度を調べたことがありますけど、メジャーとはちがう制度をつくらないと日本ではうまくいかないと思いました」

コーヒーカップを手にした大竹は、FA制度の導入を検討しはじめた頃についてそう回顧した。一九九一年一二月三日付の読売新聞を見ると、実際、大竹はそうした発言をおこなっている。

「私たちは、大リーグの制度をそのまま導入せよとは言っていない。日本の土壌に合ったフリーエージェントをと言い、機構（NPB）側も当初はその点で一致していた。なのに、今はノーの一点張りで、原点より後退している」（括弧内筆者）

一九九一年一二月二日、FA制度の交渉がまるで進展しないことに対して選手たちが不満を膨らませるなか、大竹はこう声を荒げた。

それから二年後、交渉を経て導入されたFA制度は、たしかにMLBのそれとは異なる仕

組みになっている。特に大きなちがいは取得年数で、MLBでは六年、NPBでは一〇年（現在は高卒八年、大卒と社会人出身は七年）。また、MLBでは権利を取得した全選手が自動的にFAになるのに対し、NPBでは権利の行使を「宣言」しないとFAにならない。

NPBにFA制度が導入されてから二五年以上がすぎた現在、はたして大竹はその功罪をどう見ているのだろうか。

「日本の選手は、例えばFA権の行使を宣言するか、しないかで、〝守られている〟部分があるじゃないですか。対してメジャーでは全員がFAの対象になってしまって、年俸が高い人は球団から出されることもある。でも、それによって若い人のチャンスが広がるとか、いい面もいろいろ出ています」

コーヒーをゴクリと飲み干した大竹は、口調を強めてそう話した。

当時、選手会事務局長だった大竹は一二球団の選手たちの要望をまとめ上げ、老獪《ろうかい》な球団代表たちと何年にもわたる交渉を粘り強く重ねた末、ようやくFAの権利を勝ち取った。その労苦が並々ならぬものだったことは想像に難くない。

しかし蓋《ふた》を開けてみれば、FA制度は導入初年度の一九九三年から現在まで、ほとんど使われていないのが実情だ。例えば二〇一九年シーズンオフにFA権を取得した者を見ると、引退、戦力外、自由契約、退団を除く七二人の有資格者（日本人選手）のうち九割超に当たる六六人の選手が「宣言せずに残留」を選択している。要求時、球界活性化につながると期待されたFA制度がここまで機能しないとは、ほとんどの者にとって想定外だった。

「日本の選手は、〝守られている〟部分があるじゃないですか」

大竹のこの指摘は、NPBのFA制度がうまく機能しない理由をよく表している。日本の選手はFA権を取得しても、行使しないかぎり自由契約となって移籍市場に出ることはなく、保留制度によって所属球団の支配下に置かれつづける。それが大竹の言う、〝守られている〟という意味だ。

当然、FA権を取得したシーズン限りで戦力外通告を受ける選手もなかにはいるが、MLBのように六年在籍すれば全選手が自動的にFAになるより、「宣言」制度のあるNPBのほうが、翌年も同じ球団に契約延長してもらいやすい。日本プロ野球選手会で事務局長を務める森によると、少なくとも選手たちはそう考えている。わかりやすく言えば、MLBより「自由」は少ない一方、NPBのほうが契約の「安定性」があるというのだ。

日米の仕組みには、それぞれ一長一短がある。二〇一九年シーズンオフにFA宣言し、三年契約を結び直して西武に残留した右腕投手の十亀剣は同年六月末、こう話した。

「権利を得たら自動的にFAになるシステムでもいいと個人的には思います。でも、FAにはリスクもあると思いますね。日本の制度では取得までに七、八年かかります。僕みたいに

三一、二歳で権利をとった選手が自動的にFAになると、他の球団から獲られずに行き場をなくす可能性もあるじゃないですか。それがないのは、日本の制度のいいところでもある。（自動FAにならないのは）プロ野球の質の低下と言ったら、ちょっとちがうかもしれないですけど。そういう点ではどちらがいいのか、難しいなと思いますね」

十亀と同じタイミングで西武からFA宣言し、MLBのシンシナティ・レッズに移籍した秋山翔吾《あきやましょうご》も自動FAでもいいという意見だった。

自動FAのメリットを一つ挙げれば、球界全体で人材の流動化が進むことがある。球団同士で獲得競争が起きることで、実力のある選手はより条件のいい契約を得られやすい。同時に中堅やベテランが抜けることで、チーム内のポジションが空き、若手はチャンスを手にしやすくなる。新陳代謝が進むことで、各球団は育成に一層力を入れる必要性が生まれていく。自動FAには、そうしたプラスの循環を生む効果があるのだ。もちろん残留したい選手は古巣と交渉し、契約を結び直すことも可能である。

個人的には「保留制度」と「職業選択の自由」という二つの視点から考えると、MLBのように自動FAにするのが真っ当だと感じる。プロローグで述べたとおり、「宣言」という行為には〝踏み絵〟のような意味合いが否めないからだ。フリーエージェント権＝「自由に所属球団を選ぶための権利」という制度の趣旨を考えると、決断への後ろめたさは少しでも軽減されるべきだろう。もちろん十亀が指摘するように所属先をなくすリスクは生じるものの、弱肉強食の世界では競争が激しくなり、結果的に全体のレベルアップにつながっていく。そうなればプロ野球の魅力も増し、ビジネスの拡大、選手の待遇改善と好循環が回っていくはずだ。

はたしてMLB式の自動FAがいいのか、NPB流の「宣言」制度がいいのか。その是非は、どこに視点を置くかで大きく分かれるだろう。

日米の異なる「土壌」

FA制度の設計を考える上で、一つ言及しておきたいことがある。28ページで紹介した読売新聞の記事で、大竹が口にした「土壌」という言葉の裏にあるものだ。

そこに含まれるのは、〝契約社会でドライなアメリカ〟と〝義理人情の強い日本〟という、紋切り型のイメージなどではない。

大竹はMLBでフリーエージェント制度が成立する背景を調べた結果、NPBで導入する際には、独自の仕組みにしなければうまくいかないと考えた。日米では、球界のあり方が決定的に異なるからだ。

「メジャーリーグにはテレビ放映権の分配金とか、リーグからの財源が各球団にあるじゃないですか。でも日本にそうしたものはなく、球団単体の予算の枠のなかで経営をやらなければいけない。そういう意味で、日本式のFAということを考えました」

MLBでは機構に所属する球団の〝共存共栄〟を図るため、数々の制度設計がなされている。

例えばテレビ放映権料の分配だ。**ローカル放送は各球団がそれぞれ契約を結ぶ一方、全国放送についてはコミッショナーがテレビ局と直接契約し、全三〇球団に均等に分配される。**

また「レベニュー・シェアリング」という制度により、各球団は総収入から一定の割合で拠出し、その合計額から全球団に均等に分配されている。文字どおり、黒字球団と赤字球団の収益差を少なくするための仕組みだ。この制度があることにより、収益の少ない球団も分配された資金でスター選手を獲得することができる。そうしてファンのスタジアムへの来場につなげると同時に、極端に弱いチームが出にくくするという狙いもある。

さらに、**一チームにおける選手の年俸総額に上限を定め、それを超越したチームに税金を課す「ぜいたく税」という制度もある。**二〇一九年シーズンオフ、ボストン・レッドソックスはぜいたく税の支払いを避けるため、年俸二七〇〇万ドル（約三〇億円）の外野手ムーキー・ベッツと、三年九六〇〇万ドル（約一〇六億円）の契約を残す左腕投手デビッド・プライスをトレードでロサンゼルス・ドジャースに放出した。こうして高額選手を大量に抱えつづけづらいシステムを設けることにより、逆説的に、若手の育成が促されていくという側面もある。

リーグとして〝共存共栄〟の仕組みがあるMLBと、良くも悪くも〝自由競争〟のNPB。両者の大きなちがいとしてしばしば指摘されるのが、コミッショナーの役割だ。ロサンゼルス・エンゼルス・オブ・アナハイムの国際編成を務めたタック川本は著書『これで、メジャーリーグが100倍楽しくなる！』で、「コミッショナーはメジャーリーグ株式会社の社長、最高経営責任者なのだ」と表している。つまり全三〇球団をまとめ、MLB全体のトップとしてそれぞれの成長を促していくのがコミッショナーの役目だ。

対して「お飾り」と揶揄《やゆ》されることもあるNPBのコミッショナーは、プロ野球全体の舵取りを担っているわけではない。二〇〇〇年代中盤にテレビ放映権バブルが弾けるまで、日本のプロ野球では一試合一億円のテレビ放映権料を生み出す「巨人一強」の時代が長らく続いた。一二球団の共存共栄という思想は限りなく薄く、MLBのコミッショナーのように球界の「長」としてリーダーシップを発揮する場面もほぼない。むしろ「調整役」という位置づけだ。

こうした日米の「土壌」のちがいが、結果的に、FA制度の設計を異なるものにした。

選手会が不利な条件を呑んだ背景

そもそも私がNPBのFA制度について疑問を膨らませるようになったきっかけは、二〇一五年にインターネット媒体「NewsPicks」で実施した企画で、弁護士の山田弘毅《やまだこうき》に取材したことだった。「FAの宣言残留を認めない球団があるが、この方針はあり？」というテーマで法的見地から語ってもらった。

山田は「ただちに『違法』とは言いにくいが、FAの背景を考えると『良くない』とした上で、そもそもの疑問として制度が導入される際、「なぜ当時の選手会がこの条件を呑んだのか」と疑問を明かした。

私は今回の取材を始め、改めて選手会の提出した原案を読んだ際、山田の言葉が頭のなかで反芻《はんすう》された。一九八九年二月に大竹が発表した「ある球団に七年在籍、その九一〇試合中の五分の一に当たる一八二試合以上に出場（投手と捕手は九一試合）もしくは半分以上の試合に登録」、あるいは「球団に一〇年以上在籍」という条件から、最終決定された内容はあまりにもかけ離れているからだ。

なぜ、当時の選手会は極端に不利な条件を呑んだのだろうか。

大竹に会ったことで、一つ重要な背景としてわかったことがある。当時の選手会には、FAの制度設計やNPBとの交渉について相談する、顧問弁護士が存在しなかったというのだ。

「長嶋《ながしま》（憲二《けいいち》）さんという方が選手会の弁護士だったけれども、中畑さんが会長の時代に契約を切っていましたからね。だから、他の弁護士から年じゅう売り込みが来ていました」

それでも選手会は、専門家の手を借りようとしなかった。

日本プロ野球選手会が一九八五年に労働組合として登記された際、初代事務局長は銀行マンだった山口恭一《やまぐちきょういち》、顧問弁護士は長嶋が務めていた。しかし大竹によると、長嶋は文書で「選手会」とすべきところを「戦手会」とするなど誤字脱字も多く、日当に見合う働きをしているように感じられなかったという。そうして選手会は長嶋との顧問契約を打ち切り、弁護士全般に対して信頼をなくした。代わりに、「すべて自分たちでやろう」と考えるようになった。

顧問弁護士を置かないという選択はにわかに信じがたい一方、プロ野球選手たちには独特な考え方がある。現役時代に複数球団でプレーし、引退後、選手マネジメント業に携わった者によると、「プロ野球選手はなんでもタダでやってもらうのが当たり前と考えて、余計なお金を払いたくないと考える傾向がある」という。この言葉に、二〇一九年限りで現役引退した元選手も同意していた。

子どもの頃から野球に没頭してきた選手たちは、ビジネスパーソンのように商談や交渉術に長けているわけではない。そもそもプロ野球という世界がどうやって成り立っているのか、そこにビジネスはどう絡んでいるか、そして保留制度とＦＡはどういう関係にあるのかなど、それほど多くの知識を持っているとは考えにくい。

さらに言えば、シーズンの間は週に五、六日の試合と移動が繰り返され、選手会として総意をまとめる会議を開けるのは一年のうちで数回に限られる。ゆえに選手間の意思疎通やＮＰＢとの交渉をどう進めていくかは、事務方にほとんど丸投げしているのが実情だった。加えて顧問弁護士もいないとなれば、海千山千の球団代表が一二人もいるＮＰＢ側にとって、選手会との交渉など赤子の手をひねるようなものだろう。

今になって振り返ると、はなから選手会は、極端に勝ち目の薄い戦いに臨んでいたのだ。

ストをチラつかせる選手会、巨人の深謀

一九八九年に選手会からＦＡ制度導入の提案を受けて以降、断固として拒否していたＮＰＢだが、一九九二年一月二四日に実施された選手会との労使交渉で一転、検討を始めることを明らかにした。変容の裏側には何があったのだろうか。

翌日の毎日新聞の大阪朝刊版「［ＨＯＷ］プロ野球フリーエージェント制前進、選手縛る

統一契約書見直しに意義」という記事の最後にある「ＦＡ制導入経過」を見ると、前年一二月に注目すべき出来事が二つ起こっている。

一つは、三、四日に労組プロ野球選手会臨時大会が東京と大阪で開催され、参加選手中九八％の賛成で、ＦＡ制の実現へ「ストも辞さず」と決議されたこと。

もう一つは二五日、一二球団の球団代表級で構成する開発協議会が開催され、巨人の代表を務める湯浅武《ゆあさたけし》が経営者側として初めて「ＦＡ制を研究すべき」と労組支持を表明したこと。これを受け、ＮＰＢ側も積極検討することに方針を変更した。

選手会は以前にも、例えば一九八六年一二月にＦＡ制導入を訴えて「ストを辞さぬ」と表明するなど、強硬姿勢をたびたび示してきた。ストライキは労働者にあたる選手たちにとって大きな武器だ。仮に選手たちがストライキを打てばプロ野球は興行として開催することができず、球界全体が大きな打撃を受ける。

しかし実行に移すのは現実的に難しいと、大竹は心の底では考えていた。

「何の議案のときだったか記憶がないんですけど、選手会長の中畑さんから『スト』という話が出たことがあります（中畑が選手会長を務めたのは一九八五年一一月五日〜一九八九年七月二四日）。ストをチラつかせる前、『一二球団を回って、選手会がストを決めたときに賛同するかどうか選手たちに意見を聞いてくれ』ということがありました。例えばキャンプ地のミーティングで話をすると、各球団の選手は『ストをやればいい』と言っていたんです。でも、いざ実際にやろうとしたらどうするかを聞いて回ると、全球団の選手たちが『反対』でした。ストをやったら日当がいくらかかるか、計算もしました。莫大なお金がかかるんですよ。そのときの選手会はお金がありませんから、これは無理だと。その辺の事情を経営側もちゃんとわかっていて、『ストはできない』と見ていました」

仮にストライキを打つと、選手たちは収入を失うことになる。ストの期間が長引けば長引くほど、失う額は増えていく。だからこそ多くの労働組合では、普段からストの資金を積み立てておくのが一般的だ。しかし、当時の選手会はしかるべき準備をできていなかった。

大竹が明かしたように、そうした選手会側の事情をNPB側も把握していたという。

それでも一二球団がFA制の検討を始めたのは、もちろん理由がある。詳しくは第2章で述べるが、巨人がFA制の導入とセットでドラフト改革を見据えていたのだ。選手たちが首を縦に振りやすく、世間の賛同も得やすいFA制の導入とともに、球界のあり方を大きく変えようとする動きが起こりはじめていた。

FA制度へのバーター

　FA制度をかたくなに拒んでいたNPBが導入へと舵を切る上で、大竹がターニングポイントと挙げた出来事がある。

「球団側がバーターを言い出してきたんです。七〇人枠のことです」

　若田部健一《わかたべけんいち》（ダイエー／現ソフトバンク）や斎藤隆《さいとうたかし》（大洋／現DeNA）、田口壮《たぐちそう》（オリックス）、石井一久（ヤクルト）らが一位指名された一九九一年のドラフト会議で、各球団の選手登録枠は六〇人から七〇人に拡大された。

　一チーム当たりの支配下登録の数が増えるのは、一見、選手たちにとってメリットが大きいように思われる。契約を得られる選手の数が増えるからだ。

　しかし、それほど単純な変更ではなかった。大竹が説明する。

「七〇人の選手を一軍の四〇人と二軍の三〇人に分けるということでした。一軍の四〇人のなかからベンチ入り登録されるのが二八人です。残りの一二人はケガをしたときの補助要員で、ベンチ入りメンバーに何かあったときにはその一二人のなかから交換する選手が選ばれます。そうすると二軍の三〇人に入った選手はその年、一軍に行けないということになる。

だから選手会は、その条件に対して『NO』と言いました。けれども経営側は、『これを選手会が受け入れないなら、FAも受け入れない』ということで暗礁に乗り上げてしまったんです」

当時、一球団六〇人という登録数は実質的に守られていなかった。五球団が七〇人以上の選手を抱えるなど、全球団が六〇人以上を保有し、登録限度からあふれる選手は「練習生」とされていた。それがなぜ七〇人という枠組みに変えられ、さらに、一シーズンのうち一軍に登録される可能性があるのは四〇人までと限定されるのだろうか。

球団側の真意を図りかねるなか、選手会の選択肢は二つに一つだった。

「四〇＋三〇」の七〇人枠を受け入れ、その見返りとしてFA制度の検討を先に進めるか。あるいは七〇人枠を認めず、FA制度の導入も棚上げにするのか。

大竹が各球団を回って選手たちにたずねると、「FA優先」という答えだった。

「三〇人の枠に入った選手はかわいそうだけど、弱肉強食の世界だから、しょうがないだろうと。それを一二球団の選手たちがOKして、経営側に伝えてFAが導入へと進んだわけです」

力のある者がいい思いをする世界

選手会はＦＡ制度を求めだした当初、一軍と二軍の「全員を対象」とするように訴えていた。もちろん選手会事務局長の大竹は選手たちの意向に沿って動く一方、根底では異なる思いを抱いていた。

大竹が選手として歩んだキャリアを振り返ると、一見、その考え方は意外に感じられる。川上哲治《かわかみてつはる》監督の下、一九六五年から一九七三年までリーグタイトルを獲得しつづけたＶ９の真っ只中、大竹は一九六九年ドラフト四位で巨人に指名された。本職とする三塁のレギュラーは、言わずと知れた「ミスタープロ野球」長嶋茂雄《ながしましげお》だ。一九七四年限りで長嶋が引退した後、ホットコーナーを引き継いだのは富田勝《とみたまさる》、デービー・ジョンソン、そして高田繁《たかだしげる》だった。富田は田淵幸一《たぶちこういち》（阪神）、山本浩二《やまもとこうじ》（広島）とともに「法政三羽ガラス」として名を馳せてプロ入りし、高田は俊足巧打を武器にＶ９を支えた名手だ。ちなみに高田が現役引退後、二〇〇八年からヤクルトの監督を務めた三年間、大竹は専属広報を務めている。

黄金期の巨人を連戦連勝に導くスター選手たちの影に隠れ、大竹は決して華やかなプロ野球人生を歩んだわけではない。七年間の現役生活で、出場したのは三四試合に限られる。なかなか一軍に上がれず、二軍暮らしが長かった。

それでも大竹は、プロ野球は実力主義であるべきだと考えている。

「僕は選手会の仕事をするにあたって、自分の経験がありました。プロ野球は弱肉強食の世界です。もちろん弱い者を助ける制度も必要だけど、『力のある者がいい思いをするのがこの世界だ』と思いながら、選手会の仕事をやっていました」

プロ野球が「超」のつく競争社会であることに、異論をさはむ者はいないだろう。好成績を残した者は大金をつかむことができ、二軍で燻ったままの者は人知れず去っていく。言うまでもなく、グラウンドは弱肉強食の世界だ。

対して権利や保証は、強い者ばかり優遇されるべきではない。だからこそ労働組合である選手会は、あくまで全員対象としたFA制度を当初から求めた。すべての日本国民に「職業選択の自由」が保証されるべきだと考えれば、当然の主張と言えるだろう。

では、FAや年金といったプロ野球選手に与えられる権利や保証は、一軍も二軍も含めて全員平等であるべきだろうか。あるいは、年俸と同じように成果主義でもいいのか。

その答えを出すのは、極めて難しい。一軍と二軍からなるプロ野球界の設計をどう考えるか、さらにどの立場から見るかで、大きく変わってくるだろう。

「力のある者がいい思いをするのがこの世界だ」

大竹と同じ発想に基づき、選手たちは「四〇＋三〇」の七〇人枠を受け入れる決断を下した。するとＦＡ制度は、実現に向けてとんとん拍子で進んでいく。

その裏に、球団サイドの明確な意図があるとは知らずに――。

「選手が妥協した」

ＮＰＢは一九九二年一月、諮問委員会としてフリーエージェント問題等研究専門委員会の設置を決定した。六人の球団代表と三人の機構外委員からなる同委員会は同年三月からの約一年間で計一六回開催され、ＦＡ制度やそれが与える影響についてさまざまな方向から検討された。

ＭＬＢに精通し、有識者の一人として機構外委員に選ばれた慶應大学法学部教授（現名誉教授）の池井《いけい》優《まさる》が、当時をこう振り返る。

「はっきり言って、日本球界の体質ってものすごく古いですよね。だから急速に改革しようといっても、無理だろうと感じました。選手のほうにも、『君ら、あまり拙速にやるんじゃないよ』と言っていました。今まで選手は野球一筋でやってきたから、交渉段階でベテランの球団代表と向き合っても、むこうからからすれば若者を言いくるめるのは簡単だったんですよね。

我々としては選手や球団の立場から考えるというよりも、『とにかくＦＡ制度を何らかの形で発足させることが必要じゃないか』ということでスタートしました。それでＦＡ制度ができて、我々が後をフォローすることなく（ＦＡ問題等研究専門委員会は）解散したんですよね。議論する時間が足りないし、長年染みついた日本球界の古い体質を一朝一夕でスパンと変えるのは無理でした」

池井の忠告は、残念ながら選手たちに理解されなかった。

選手会が自由に所属先を決めたいと「理想」を求めて発案したＦＡ制度だが、待っていたのは異なる「現実」だった。

一九九二年一一月一二日、「まずできることからやろう」と語ったＦＡ問題等研究専門委員会の中川順《なかがわすなお》委員長は、「一シーズン（＝一五〇日）の半分に登録された〝一軍半〟選手に限って認める」という方針を打ち出した。レギュラークラスの扱いは「継続審議」として、バックアップクラスだけにＦＡの権利を認めてお茶を濁そうとしたのだ（一九九二年一一月一二日付読売新聞より）。

このときの球団側の狙いを、大竹が説明する。

「そのレベルの選手ならそんなに年俸も高くないし、という部分が色濃いと思います。それと、戦力的にそんなにチームに影響がないという意味からでしょうね。だけど我々としては、それでは意味がない。あくまで選手の寿命を考えたら、一番いいときに自分をアピールできる場に行きたいですから」

一軍半に限るという球団側の案に選手たちが猛反発すると、セ・リーグの六球団は一九九三年一月二三日に理事会を開き、「FAはチームに大いに貢献した選手が手にできる権利」と考え方を一変させる（翌日付の読売新聞より）。一軍の主力クラスだけがFAの権利を取得できるように、制度の対象を根本から変えたのである。パ・リーグ各球団も賛同し、NPBとしての大枠はまとまった。

これに選手会も同意し、一九九三年シーズンオフからの「導入ありき」で進められたFA制度の焦点は、細かい条件面に絞られていく。選手会は取得年数について「原則七年（二一歳未満のプロ入りは一〇年）」を主張したものの、球団側に受け入れられなかった。

また大竹によると、選手たちの間で「人的補償」の是非が議論された記憶はないという。

そして一九九三年九月二一日、以下の条件で最終合意に至った。

（一）一シーズンの一軍出場登録一五〇日以上で、一〇シーズンで資格を得る
（二）FA選手を獲得した球団は失った球団に補償する。人的補償の場合は、四〇人の固定

選手を除いた三〇人の中から、失った球団が要求する選手一人を譲渡し、FA選手の旧年俸と同額の補償金も払う。金銭だけの場合の補償金は、旧年俸の一・五倍とする

(三) FA選手の新年俸は一・五倍まで。低年俸の選手はこの限りではない

(四) 権利行使は何度でもいいが、一度行使したら三年はその球団に在籍しなければならない

(五) 一球団当たりの獲得可能人数は、FA宣言選手が二〇人までなら二人、二一人以上三〇人までなら三人、三一人以上四〇人までなら四人、四一人以上は五人まで

合意翌日の各紙を見ると、選手会長の岡田はこんな談話を残している。

「とにかく今年スタートしようということ。一番苦労したのは一二球団の意見をすりあわせることだった」(日刊スポーツ)、「選手が妥協した」(毎日新聞)

原案と大きく異なる形で導入されたFA制度は結局、ほとんど活用されなかった。朝日新聞が事前におこなったアンケートではFA権を取得する五九選手のうち五六選手が回答し、「権利行使する」と答えたのはわずか三人(五%)にとどまっている。この結果に対し、FA問題等研究専門委員会の一員として制度発足に尽力した池井は落胆の色を示した。

「FA宣言の意思表示をした選手が意外に少なかった。条件つきとはいえ、五〇%程度は手

を挙げると思ったのだが。初年度だから様子見ということだろうか。宣言しても引き取ってくれるかどうか、疑心暗鬼に陥っているのかもしれない。ともかく、制度では兄貴分のアメリカ球界関係者がこの結果を見れば、なんと少ないのかと驚くだろう」（一九九三年九月二八日付の記事「FAの壁は年齢・忠誠心　プロ野球五九選手に朝日新聞社がアンケート」）

いざ蓋を開けてみれば、制度誕生初年度にFA宣言したのはわずか五人だった。

池井は「初年度だから様子見ということだろうか」としていたが、先述したように、二〇一九年時点まで

1993年 FA制度誕生

初年度のFA権行使者は5人。有資格者は52人※

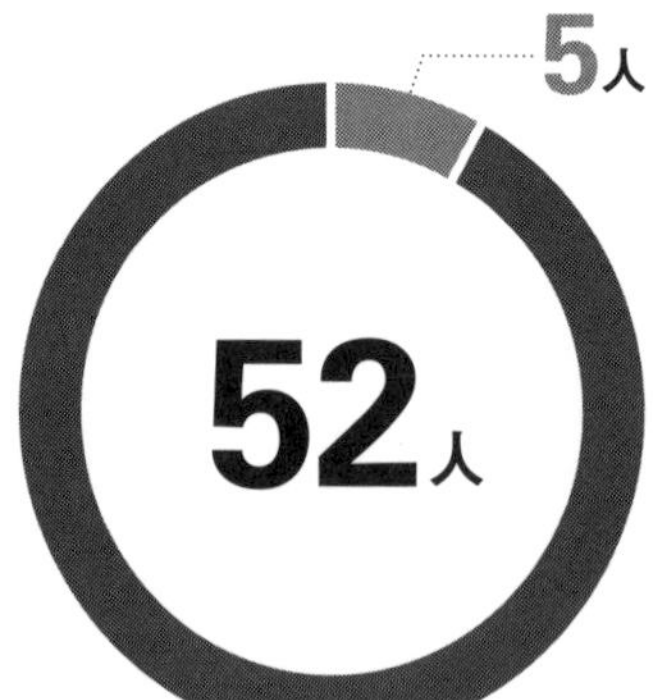

松永浩美《まつながひろみ》
[阪神→ダイエー]

駒田徳広《こまだのりひろ》
[巨人→横浜]

落合博満《おちあいひろみつ》
[中日→巨人]

石嶺和彦《いしみねかずひこ》
[オリックス→阪神]

槙原寛己《まきはらひろみ》
[巨人(宣言残留)]

※引退した8人は除く

この傾向はまるで変わっていない。選手たちはFAという権利の獲得には成功したものの、一九九三年シーズンオフから導入するという目標達成に固執するあまり、内容的に大幅な妥協を強いられた。結果、「使いにくい」権利となり、その影響が現在まで続いている。

大いなる理想を持って立ち上がった選手たちだが、最後まで戦い切ることができなかった。そうして決着した四半世紀前の出来事について、大竹は無念そうに振り返る。

「選手たちは試合が最優先ですからね。（交渉には）あまり関心がなく、『（事務方に）任せます』と。こっちにしたら、『ああだ、こうだ』と言われるより楽なんですよ。だけど、本来はそうではないでしょう。自分たちがやるべきことを我々が代行してやっているんだから、ちゃんと意見を聞かせてくれないと困ります」

NPB側が明確な意図を持って制度設計したのに対し、選手たちは当事者意識に欠ける部分が否めなかった。そうしてFA制度は球団にとって、明らかに有利な形で導入された。結果、「使いにくい」制度ができ上がり、今に至っている。

ではもし、現在のプロ野球選手たちがFA制度や球界のあり方に改善を望んでいるとすれば、どうするべきだろうか。大竹に訊くと、鋭い表情で答えた。

「我々の頃、選手たちは『商品』でいいと考えていました。でも、『物を言う商品だ』という意識が足りないと思います。『日本的』と言えば、そのとおりなのかもしれません。謙譲の美徳が、自分たちの待遇改善や地位向上に足かせになっているのかもしれない。

「でも、プロ野球は二〇年も三〇年もやれる職業ではないわけです。球団に睨まれたらコーチや球団スタッフなどというセカンドキャリアの職を得るのが難しくなるということが足かせになっている気がしますけど、選手たちはもっと自己主張すべきだと思います」

MLBの「Free Agent」とNPBの「フリーエージェント」が異なる運用のされ方をしているのは、ある意味で必然と言えるのかもしれない。

大竹の話を群馬のファミレスでじっくり聞き、率直にそう感じられた。

選手は人間であり、商品ではない――。

今から四〇年以上前、MLBで選手たちをフリーエージェントの権利獲得へと動かしたのは、人として至極当たり前の主張だった。

かたや日本ではプロ野球選手たちが自身の置かれた立場や保留制度に疑問を抱かないかぎり、いつまでもNPBのFA制度は「使いにくい」ままの形でありつづけるだろう。

大竹と別れて沼田駅に戻ってくると、もうすぐ夕方になろうとしていた。時刻表に目をやると、帰りの電車まで三〇分以上ある。駅前の小さな個人スーパーに入り、イートインスペースで地元名物の焼きまんじゅうを食べながら待つことにした。

南に向かう電車が来るまでの時間は、ずいぶんのんびり流れているように感じられた。

第2章　〝プロ野球村〟の掟とパ・リーグの遠謀

野球界は村社会

東京をもっとも象徴する街の一つであり、つねに多くの老若男女であふれる渋谷には、無数のホテルがある。

大都会にある大手ホテルのラウンジは街の喧騒から明確に仕切られており、不思議な空気の流れる空間だ。商談をおこなうビジネスパーソンから、お茶とおしゃべりを楽しむ紳士淑女まで、それぞれが思い思いの時間をすごしている。席と席の間隔が適度に離れて設計されており、街のカフェとちがって周囲の会話が気になることもない。初めて顔を合わせる者同士が少々込み入った話をするような場合には、打ってつけの場所と言えるかもしれない。

私は日本プロ野球選手会の事務局長を務めていた大竹憲治と会った一週間後、渋谷駅の近くにあるホテルのラウンジで一人の男と待ち合わせていた。NPBにフリーエージェント制度が誕生した際、球団側はどんな意図を込めて制度設計したのだろうか。大竹がつないでくれた縁から、FA問題等専門研究委員会に名を連ねていた球団代表の一人、小嶋武士《こじまたけし》とアポイントを取りつけることができた。

大竹によると、小嶋は日本ハムファイターズの初代オーナーを務めた大社義規《おおこそよしのり》の「秘蔵っ子」で、三〇代後半の若さで球団代表まで昇りつめた切れ者だという。

「小嶋さんはとっつきにくい人だけど、僕は球団側の交渉相手のなかでは一番信頼していました。『ダメなものはダメ』と言うけれど、『選手会の言っていることも一理ある』という姿勢を示してくれたのが小嶋さんでした」

小嶋は日本ハムに入社し、前身球団である日拓フライヤーズの買収に関わっている。成功後はニューヨーク・ヤンキースとの業務提携に尽力して当地に留学し、球団経営を学んだ。若くして日本ハムの球団代表に就任した「秘蔵っ子」とは、一体どんな人物なのだろうか。

胸を高鳴らせながら待っていると、約束の時間を迎える前、ジャケットを羽織った小嶋の姿がラウンジの入り口に見えた。取材の時間をくれたお礼を告げるや、小嶋は自ら語りはじめた。

「フリーエージェント制度のもともとの出発点は、『プロ野球選手はドラフトを通して球界に入るとき、職業選択の自由が阻害されている』という選手側の主張があったからです。いったん契約すると、選手たちの自由にはまったくならない。『チームにある一定期間貢献したら、自由になる権利が欲しい』という声が選手たちからもともとあった。

そういうところを衝いて、『それならこっちも選手を自由に獲りたい』という球団が出てくる。例えば読売さんなんかは、『ドラフトを廃止してほしい。選手を自由に獲らせてほしい。

それが職業選択の自由だ』という主張をした。

だけれども、野球界は言わば村社会ですよ。村社会のなかに掟《おきて》があっても、それはおかしくない。国会でも提起されて、『プロ野球界というなかで、参加する者たちが〝条約〟をつくってやっていくのは承認される』と認められた。そういうことになって、ドラフト制度は存続した。先ほど言った、『選手はいったん球団に入ると自由がなくて、ある程度貢献したら、自由に移籍できるようにしてほしい』という要望はそれ以降も続いていた」

インタビューの冒頭から、小嶋の口を衝いて出る内容は「ドラフトを廃止してほしい」という巨人の要望から、「野球界は村社会」という業界独特の考え方まで、核心に触れるものが多かった。選手たちの「職業選択の自由がない」という正論から、球団間で交錯する思惑や国会の視点まで登場し、FA制度がいかに複雑な事情をはらんでいたかが伝わってくる。慌ててレコーダーのスイッチを入れると、小嶋が語る世界に一気に引き込まれた。

〝プロ野球村〟の掟

野球界は言わば村社会ですよ――。

小嶋が語ったこのフレーズは、日本のプロ野球という世界をまさに象徴している。

一九三四年一二月二六日、巨人の前身である大日本東京野球倶楽部の創設とともに、のちのNPBへと至るプロ野球の歴史は始まり、八〇年以上かけて国内でもっとも人気のあるプロスポーツという地位を確立した。

春季キャンプからオープン戦、ペナントレースやポストシーズンが開催される間はもちろん、オフシーズンになっても契約更改や新人選手の入寮、自主トレなどの情報が毎日、地上波のテレビニュースや新聞で報じられる。

プロ野球はそれほど日本人にとって馴染み深い存在になった反面、〝ブラックボックス〟があまりに多いのも事実だ。

例えば非常勤であるNPBのコミッショナーは二〇〇〇万円とされる月収を手にしながら、どのような仕事をおこない、野球界の発展にどんな貢献をしているのだろうか。筆者を含め、メディアや球界関係者、コアなファンでも答えられる者はほとんどいないはずだ。

サッカーのJリーグやバスケットボールのBリーグでは各クラブの決算状況が毎年発表されるのに対し、プロ野球ではすべての球団が明らかにしているわけではない。報じられている選手の年俸も、あくまで推定の金額だ。

国民的スポーツでありながら、閉ざされた部分が多いNPBという〝プロ野球村〟にはさまざまな掟が存在する。なかでも、独特なものの一つが保留制度だ。**各球団は保留権を有し、**

選手との契約が切れた後に契約更新するか否か、自分たちで一方的に決めることができる。

日本で毎年秋の風物詩となっているドラフト会議も、プロ野球独特のシステムだ。球団のみが指名権を持ち、アマチュアの選手たちは好きなチームを選択することもできない。第1章で言及したように、一九七八年のドラフト会議を前に江川卓と巨人が「空白の一日」を衝いて契約した際、「職業選択の自由」との兼ね合いが国会で議論されたのは、〝プロ野球村〟の掟がそれだけ特殊であることの裏返しと言える。

選手たちからすると、ドラフト時に球団選択の自由がないことと、球団に認められている保留権こそが、ＦＡ権を求めた根拠だった。

ひるがえって球団の立場から見ると、運営上、保留権は不可欠なものになっている。小嶋によると、一九九二年三月に第一回ＦＡ問題等研究専門委員会が開催された際、まず「保留権のあり方」から議論されたという。

「球団の財産というのは、選手の技術と能力です。技術と能力を高めることによって選手の価値が上がっていく。それで球団の財産を大きくしていく。そうして魅力的な球団を多くのファンに見てもらうことによって、お金が入ってくる。これが保留権の成り立ちです。それを認めた上で保留権の価値を高めていって、どのタイミングでちがう球団に選手を出してもいい体制にするかがＦＡ制度を導入する上での課題の一つでした」

各球団には毎年「即戦力」と期待される新人が入団してくるが、一年目から活躍する選手は限られている。数年かけて育成し、一軍で起用できる戦力になって初めて選手はチームに価値をもたらすことができる。球団は選手の入団時から決して少なくないお金（契約金と年俸など）を投資しており、回収するには一定以上の期間が必要となる。それが保留権を保持する球団サイドの理屈だ。

ただし選手たちは商品ではなく、万人と同じで人権を有している。球団と契約をかわしているが、彼らの所有物ではない。ならばどのタイミングで、どんな条件をクリアした者に、自由になる権利を与えるべきか。

ＦＡ制度は球団運営の根底にある保留権に風穴を開けうるものだけに、球団側は慎重な検討を進める必要があった。

読売新聞のドラフト改革キャンペーン

野村克也《のむらかつや》が監督としてヤクルトを一五年ぶり二度目の日本一に導いた一九九三年のシーズンオフ。ＦＡ制度とともに導入されたのが、ドラフト会議の**逆指名制度**だった。

一軍の登録日数が一〇年に達した選手が自由に他球団と移籍交渉をできるＦＡ制度と、ドラフト一、二位に限って大学生、社会人選手が入団先を自分の意思で決められる逆指名制度の導入。これらは、「職業選択の自由」が極端に限定的なNPBにとって画期的な出来事だった。

二つの制度が同時期に始まったのは、決して偶然ではない。

江川の「空白の一日」が社会問題になった際にドラフトのあり方に異議を唱えた巨人は、選手会が一九八六年からFA権を求めて動きはじめると、そこを「衝いて」いった。

日本シリーズで巨人が西武に四連敗を喫した四三日後の一九九〇年一二月六日、巨人の親会社である読売新聞は「プロ野球のドラフト制はこれでいいのか」という社説を掲載している。その二日前、選手会がFA制度の導入を要求することを決めたばかりだった。

同記事では選手会のこの動きについて、「背景には、昨年ダイエーに指名された元木大介《もときだいすけ》選手（上宮高出身）、今回ロッテの指名を受けた小池秀郎《こいけひでお》投手（亜細亜大）らによる入団拒否がある」と解説している。

一九八九年には高校生ナンバーワン野手の元木、翌年には即戦力と期待された大学生左腕投手の小池と、意中の球団に入札されなかった目玉候補が二年続けてプロ入りを拒否した。実際、斉藤直隆の『プロ野球最後のサムライ』によると、元木と小池の入団拒否に危機感を抱いた松永浩美（オリックス）が、選手会にFA制度の導入を勧めたことを明かしている。選手会のこうした動きを受け、読売新聞の同記事はドラフト改革の必要性に結びつけてこう書いた。

「選手会の要求は、ドラフトを含めて、プロ野球の入団・契約のあり方に見直しを迫るものと言えるだろう。それほど、いまの選手の身分は、自らの意思や自由のきかない不安定な状況に置かれている」

詳しくは後述するが、選手会が要求したのはあくまでFA制度の導入で、ドラフト制度の改正ではなかった。しかし読売新聞は独自の解釈をおこない、年が明けた一九九一年からドラフト改革キャンペーンを加速させていく。

自社で実施した全国世論調査の結果を二月一七日に記事にすると、三月四日には社説「改善迫られるプロ野球ドラフト制度」を掲載した。前述の世論調査によると、「いまのドラフト制度を存続させたほうがいい」は一九・六%と少数派で、もっとも多かった声は「改善のうえ存続」で四七・四%。その結果を踏まえ、「いまは、人びとの意識も、社会の仕組みも、個人の選択の自由を拡大する流れの中にある。その意味でもドラフト制度の手直しは避けて通れない課題だろう」と指摘している。日本ではバブル景気がちょうど終わりにさしかかり、サラリーマンの終身雇用制度が見直されていた時期だ。世の中がさまざまに移り変わる最中、同記事は、プロ野球選手のあり方にも変化のタイミングが訪れていると訴えた。

そして一九九一年シーズンのペナントレース開幕戦を迎えた四月六日、「プロ野球は『闘いのドラマだ』と」と題した社説では、再び持論を展開している。

「ドラフトを含めた現行制度は、選手の人権を犠牲にし、同時に、企業間の自由な競争を制限する方向に働いている。選手は、やめる以外に本人の意思がきかないし、球団の間には、互いにもたれ合うような要素があることを否定できない」

この記事における「もたれ合うような要素がある」というのは、自由市場における競争とはちがい、入札方式のドラフトでは球団間の努力の大小にかかわらず、どこも等しく有力選手を獲得するチャンスがあるという意味だ。

一般社会の尺度から見ると、読売新聞の主張は至極真っ当と言える。資本主義では基本的に自由競争が奨励されるべきだ。もっとも第1章で述べたように、プロ野球は「クローズドリーグ」でおこなわれているということがFAやドラフトの制度設計には考慮される必要があるが、「スポーツビジネス」という言葉が定着していなかった約三〇年前、そこまで気にかける読者は決して多くなかったにちがいない。

この社説の論旨は、スポーツは「闘い」があるから面白く、選手やチームだけでなく球団間にも「競争原理」が機能しなければならないというもので、最後は球界への提言で締めくくられている。

「まずドラフト制を全面的に見直す必要がある。その上で存続させるなら、フリーエージェント制の採用に踏み切るべきだ」

ナベツネの上げたアドバルーン

全世界で爆発的にヒットしたＷｉｎｄｏｗｓ95が発売される前の一九九〇年代前半は、インターネットがまだ人々の生活に深く入り込んでいない時代だった。

国内最多の発行部数を誇る読売新聞と、地上波でゴールデンタイムに毎晩ナイターが全国中継された巨人は、現在より相対的かつ絶対的に、大きな存在感を社会のなかで放っていた。

プロ野球のドラフト改革やＦＡ制度の導入を見据えて読売新聞が「人権」や「企業間の自由な競争」という正論を紙面から訴えかける一方、巨人は水面下で一一球団に揺さぶりをかけていく。

当時から四半世紀が経った現在、現実化された狙いと、実現されなかった思惑が明らかになっている。「答え」を知った上で過去を振り返ると、改めて圧倒されるのが巨人の誇った力だ。

ＦＡ制度を巡る駆け引きについて、そのど真ん中にいた小嶋が淡々と振り返る。

「フリーエージェント制度ができた経緯は、その前段階でプロ野球の読売さん（巨人）を中心に、渡邉《わたなべ》（恒雄《つねお》）さんが『ドラフトを（廃止して選手の獲得方法を）自由にしろ』という交渉をずっとしていました。そこで強権的な発言が出てきた。例えば、『賛同する者たちと新しいリーグをつくる』。自分たちは（NPBから）出ていくという話まで出た。これは実際にはアドバルーンを上げただけだった。

ただ、『ドラフトを自由にしろ』という主張は終始押し出されていて、『一リーグ制にするぞ』ということも出されてきた。恐れをなした球団が『それは大変だ』ということで、セ・リーグの五球団が全部『従います』となった。パ・リーグのなかからも『一リーグにしてくれ。それに参加する』という球団の声が聞こえてきた」

淀みなく語られる小嶋の言葉は生々しく、私の脳裏に深く刻み込まれた。

二〇〇〇年代中盤に放映権バブルが弾けるまで、巨人戦は毎晩全国ネットで中継されていた。テレビ放映権料は一試合一億円。年間一三〇試合制だった一九九〇年代前半、セ・リーグ五球団は本拠地での巨人戦を毎年一三試合主催し、一三億円の放映権料を得ていた。まだスポーツビジネスという概念が球界に定着する前のこの時代、赤字経営を親会社の広告宣伝費で補填してもらうのが当たり前だった各球団にとって、巨人戦の一三億円は替えのきかない収入だった。

対して、パ・リーグの球場ではどこも閑古鳥が鳴いていた。ロッテ・オリオンズの本拠地だった川崎球場は特にガラガラで、スタンドで流しそうめんや麻雀を楽しむ観客もいたほどだ。セ・リーグとの交流戦が始まるのは一〇年以上も後のことで、当然、巨人戦は組まれていない。パ・リーグの試合がまれに地上波で中継されることがあっても、「放映権料はタダみたいなものだった」と小嶋は明かしている。

セ・パの放映権料収入にどのくらいの差があったのか、樋口美雄の『プロ野球の経済学』が参考になる。一九九〇年の推定放映料収入は巨人が三四・五億円、セ・リーグでもっとも少ない中日が一二・一億円だったのに対し、一二球団最低のロッテは一・九億円だった（一試合の放映権料は「巨人主催の巨人戦」は五〇〇〇万円、「他球団主催の巨人戦」は八〇〇〇万円、「巨人戦以外（全国ネット）」は一〇〇〇万円で計算されている）。

テレビがメディアの主役だった頃、巨人はグラウンド内外で「球界の盟主」だった。年間一三億円という放映権料を楯にとれば、セ・リーグ五球団を味方につけることなど難しくない。一リーグ制で同じ恩恵に預かりたいパ・リーグ球団も、懐柔することができた。

球界で絶対的な力を誇る巨人がドラフト改革やFA制度の導入で有力選手を集めようと強気の姿勢に出るなか、理論武装で立ち向かったのが日本ハムの小嶋だった。

「『一リーグにするから（NPBを）出ていく』ということについては、従来の野球協約に従って手を握っている連中からすれば、『それは契約違反だ』と言えるわけです。『出るのはどうぞ。その代わり、大変な補償をもらいますよ』ということも言える。ナベツネさんにすればアドバルーンを上げたんでしょうけれども、各球団はプロ野球協約に縛られて契約してやっているわけだから、(NPBから出ていくのは)そこに違反ということもあるし。そういう駆け引きがありました」

裏金にまみれた野球界

球界で圧倒的に強い巨人の側につくか、あるいは自身の立場から主張を貫くか。

小嶋によると、ドラフトの逆指名制度を求める巨人に賛同したのはセ・リーグの五球団と、パ・リーグでは西武とダイエーだった。

対して日本ハム、ロッテ、近鉄バファローズ、オリックス・ブルーウェーブ(現バファローズ)の四球団は反対に回った。

NPBで議案を議決するには各球団の代表者級が出席する実行委員会か、あるいは最高決定機関であるオーナー会議で、出席者の三分の二以上の賛成を得る必要がある。重要な議案であれば、ともに四分の三以上の賛成を求められ、このままでは巨人はドラフトのあり方を改正することができない。

そこで味方につけようとしたのが、世間と選手会だった。前述したように、読売新聞紙上で持論を展開して主張の正当性を訴えていった。一連の動きについて、小嶋はこう解説した。

「ドラフトを改正しようとしていた連中が必要な賛成の数をとれなくて、突然、『(FA制度を導入して選手の移籍を)フリーにしろ』という話が上がりはじめました。選手会はそこに乗っかっていったわけです。

こちらとしては『議案の改正に必要な数に達していない』ということを言いつづけながらも、四球団だけがかたくなに(ドラフト制度の現状維持に)固執をしても具合が悪いという風向きになっていき、やむなく上位二名の枠を自由(逆指名)にしてもいいですよとなりました。高野連(日本高等学校野球連盟)が『高校生は逆指名をしてはダメ』ということで、『社会人と大学生の上位二名は自由に獲ってもいい』とドラフトの制度が変わった。そうやって無理やり、強引に制度を導入せざるを得なかった」

唇を噛み締める小嶋の表情が、二五年以上前の無念を何より物語っていた。

間髪いれず口にしたのが、球界のたどる末路だ。

「『逆指名制度をやれば、野球界は裏金にまみれて大変な業界になる』と我々は忠告を出しました。現実にその後、そういうことが起こりだします」

一九九三年秋のドラフト会議で、大学生と社会人に限って上位二人まで選手自身が希望球団を選択できる「逆指名制度」が導入された。その後、二〇〇一年に「自由獲得枠制度」、二〇〇五年には上位一人だけを対象とした「希望入団枠制度」と変更され、二〇〇六年を最後に廃止されている。

逆指名制度が導入された際、争奪戦により契約金が高騰することを避けるため、一二球団は最高契約金額を一億円にすることを申し合わせた（最高標準額。一九九四年から一億円プラス出来高払い五〇〇〇万円）。

だが、この約束は反故にされた。二〇一三年三月一五日付の朝日新聞は、巨人が一九九七年から二〇〇四年にかけて六人の新人選手に対し、球団間で申し合わせた最高標準額を超える契約を結んでいたと報じている。以下がその詳細だ。

・一九九七年　外野手の高橋由伸《たかはしよしのぶ》に六億五〇〇〇万円
・一九九八年　投手の上原浩治《うえはらこうじ》に五億円と功労金一億二〇〇〇万円
　　　　　　　内野手の二岡智宏《におかともひろ》に五億円と功労金七〇〇〇万円、別の出来高三〇〇〇万円
・二〇〇〇年　捕手の阿部慎之助《あべしんのすけ》に一〇億円
・二〇〇三年　投手の内海哲也《うつみてつや》に二億五〇〇〇万円

・二〇〇四年　投手の野間口貴彦《のまぐちたかひこ》に七億円

さらに、アマチュア選手への「裏金問題」も球界を大きく揺るがした。

二〇〇四年には、この年のドラフトの目玉とされた明治大学の右腕投手、一場靖弘《いちばやすひろ》に対して、自由獲得枠で獲得しようと動いていた巨人、阪神、横浜、広島が「栄養費」の名目で現金を渡していたことが発覚する。学生野球憲章に違反した責任をとり、巨人の渡邉恒雄、阪神の久万俊二郎《くましゅんじろう》、横浜の砂原幸雄《すなはらゆきお》と三人のオーナーが辞任した。

二〇〇七年には西武が東京ガスの木村雄太《きむらゆうた》と早稲田大学の清水勝仁《しみずかつひと》に計一三〇〇万円を裏金として渡していたことが判明し、加えて一九九四年から二〇〇五年にかけて一五選手への契約金で合計一一億九〇〇〇万円の超過額を払っていたことが明らかになった。また、横浜は二〇〇四年自由獲得枠で入団した左腕投手の那須野巧《なすのたくみ》に五億三〇〇〇万円の契約金を支払っていたことが発覚。二〇〇七年に希望入団枠は廃止されることに決まった。

報道や調査で次々と明らかになった裏金問題は、あくまで氷山の一角だった。逆指名制度により帳簿に乗らないカネが飛び交うようになったのは、球界の誰もが知っていたことだと小嶋が振り返る。

「逆指名をとるための裏金は、選手だけでなくその関係者にも配られていました。そんな話は表に出ないけれど、プロ野球に携わっている者なら全部わかるわけですよ。ドラフトの契約金は一億円を〝目安〟とされたけど、そんなものは守られていない。逆指名制度を契機に、そういうプロ野球をつくってしまったわけです。何年か後には、オーナー自身も辞めないといけない者が出てきた。

そんなことがドラフトの改正を経て起きていくわけですが、もともとは選手会からFA制度の要望があって、(選手の権利拡大について) ある程度考慮せざるを得ないという雰囲気が醸成されつつあったわけです」

選手会の果たした役割

一九九三年九月二四日の実行委員会で導入が決定されたドラフトの逆指名、そしてFAという二つの制度について、小嶋の口から何度か出てきたフレーズがある。

「ドラフトの改正のどさくさに紛れて、(巨人が主導で) FAを導入した」というものだ。

ともに選手の所属球団を決める制度であるドラフトとFAだが、その趣旨はまるで異なっている。ドラフトはアマチュアの選手が対象で、一二球団の戦力均衡や契約金の抑制が目的だ。対してFAは、プロ野球で一定以上貢献した選手の権利のためにある。

ドラフトの改正をおこないたい巨人が、選手会から提案されたFA制度に乗じて一九九一年から読売新聞でキャンペーンを張ったことはすでに述べた。しかし理解できないのは、「どさくさに紛れてFAを導入した」ということだ。これは、はたして何を意味するのだろうか。

「そこにはね、選手会という役割もあるんですよ」

頭のなかでクエッションマークを浮かべる私に、小嶋が説明を続ける。

「選手たちはドラフトで職業選択の自由がない、と。だから所属球団に一定期間貢献したら、自由にさせてほしいという要望があった。彼らは『FAの目的はお金ではない』と言ったんだけれども、実際に導入すれば、ドラフトのようにお金にまみれた制度になってしまう。そういう可能性について選手会は表向きには触れていなかった。『権利として欲しい』と言うだけだった。それは世間に受けるわけですよ」

実際、選手会の事務局長を務めていた大竹は、「FAの目的はお金ではない」と私の前で何度も強調した。さらに、選手たちもそうした意思を表明している。小嶋の残したノートによると、一九九二年四月三〇日におこなわれた球団側との話し合いで選手会長の原辰徳《はらたつのり》はこう主張した。

「（前年から導入された支配下登録人数の）七〇人枠は問題ではない。FA制度の導入が大切だ。ドラフト制度が現状であるのはやむなし。（ドラフトで入団先を）自由にしてくれとは別に言っていないです。（入団後の）移籍の自由が目的です。金銭は問題ではない」

純粋に人としての権利を訴える選手たちを世間は支持し、ＦＡ制度の導入に賛同した。そうした流れをうまく利用したのが巨人だった。小嶋が「選手会という役割」と表現した本意もそこにある。巨人は読売新聞を介して選手たちの主張にうまく乗りながら、世論を形成して、ドラフトの逆指名制度、そしてＦＡ制度の導入へという〝空気〟を巧みにつくり出した。

巨人にとって本丸はドラフトの改正だったが、同時にＦＡ制度も旨味があるものだった。ＦＡ制度が導入された後、読売新聞社社長の渡邉に会った際に、小嶋はこんな会話を交わしたという。

「渡邉さんに対してスタッフのほうから、『ＦＡ制度を導入すれば、各球団の主力選手が全部読売に入ってくる。優勝できる』というサジェスチョンがあったという話でした。そういう目処が立っているのであれば、導入したほうがいいとなっちゃうわけです」

お飾りのコミッショナー

かつてのプロ野球で巨人の意向が通りやすかったのは、日本野球機構（ＮＰＢ）の特異なあり方とも大きな関係がある。

現在のNPBに至る日本のプロ野球は大日本東京野球倶楽部（現在の巨人）の誕生によって始まり、その栄華とともに発展してきた。テレビ放映権バブルが二〇〇〇年代中盤に弾けるまで、経営的にも巨人の人気に依存してきたのは前述のとおりだ。

ＭＬＢのコミッショナーやＪリーグのチェアマンのように、プロスポーツの興行団体では、中立的な立場からリーグ全体の繁栄を考えるトップを置くのが一般的だ。しかし、ＮＰＢはそうではない。日本のプロ野球の独特なあり方は、ＦＡ制度の行方にも大きな影響を及ぼした。

パ・リーグで〝弱者〟の立場に置かれつづけた小嶋が、その内実を語る。

「ＮＰＢの実行委員会では、読売の意向どおりになる体質が長年続いてきました。コミッショナー事務局を含めてね。パ・リーグがいくら反対しても、その意見は通らない。コミッショナーなんていうのは、あってないようなものだから。（読売に）言いなりみたいな形で」

一二球団の統括組織であるＮＰＢは、オーナー会議を最高決定機関と位置づけている。ただし各球団オーナーのほとんどは親会社のトップも務めており、多忙を極める。オーナー会議が開かれるのは年に数回しかない。各球団の球団代表とセ・パ両リーグの会長、そしてコミッショナーが参加する実行委員会で、重要事項は議論されていく（二〇〇九年、支出を減らすことを目的に、コミッショナー事務局とセントラル、パシフィックの三局は統合された)。最終的にオーナー会議の賛成が必要とされるが、プロ野球の立法機関の役割を担うのは実行委員会だ。

「実行委員会は各球団の利害関係がもろにぶつかり合う場所でした。そこで議論が伯仲しても、(読売の)強権がパッと見えたときに(コミッショナーは)引いていく形が続いていた」

小嶋がそう語るように、コミッショナーに与えられた「最高責任者」という任は名ばかりだった。ある意味、実行委員会で各球団が自分たちの利益を主張するのは当たり前だからこそ、同時に、プロ野球全体の繁栄という視点が不可欠だ。試合＝興行は相手がいてこそ成立する。一球団だけが極端に栄えても、業界全体が伸びていくことはない。それでは、一球団の成長にも限りがある。それがスポーツビジネスの宿命だ。

本来、コミッショナーは全体の繁栄を見据えて活動すべきだが、NPBでは構造的にその役割についても期待することができない。そうした体制に対し、全球団が実質的に赤字経営だったパ・リーグだけでなく、セ・リーグの球団にも、このままではプロ野球に明るい未来がないと感じる者がいた。

「野球界そのものをいい方向に持っていくためには、どうするべきか。実行委員会ではできない議論をする機関が必要だ」

そうして提唱されたのが、開発協議会だった。実行委員会のようにコミッショナーと両リーグの会長をメンバーに入れず、一二球団の代表だけで野球界の明るい未来に向けて話し合っていく場が設けられた。その意義について、小嶋はこう振り返る。

「それぞれの利害関係を外した連中が一人の人間として参画し、野球界のことを考えて真剣に議論する。だから、すごく前向きな話し合いをすることができた」

プロ野球にスポーツビジネスの波が訪れる十年以上前、球団代表たちは親会社からの広告宣伝費に頼って赤字を垂れ流しつづける慣習を良しとせず、球界の未来を少しでも明るいものにしようと知恵を出し合った。その内容を聞くと、当時の議論が現在のプロ野球につながっていることがわかる。球団トップが利害関係を外して話し合ったなかには、数々の慧眼があった。

それだけに、残念なことがある。FA制度についてもっと慎重な議論を重ねた後に導入していれば、現在のプロ野球はより良いものになっていたのではないかと思われるのだ。

FA＝保留権のあり方の変更

一九九二年一月二三日に開発協議会が開催され、FA制度について話し合われた。

小嶋が残したメモのコピーには、セ・リーグのオーナー懇談会の見解としてこう書かれている。

「時期的にはＦＡ制度について研究する時期になって来ている。第三者を含めた研究機関を検討すべき」（原文ママ）

対して、パ・リーグのオーナー懇談会の意見はこうだった。

「選手会より申し出があったからというのではなく、球団の経営基盤そのものからの研究・検討を行うべき」（原文ママ）

スタンスは少しちがうものの、セ・パともにＦＡ制度の検討は必要であるとし、セ・リーグから阪神、中日、巨人、パ・リーグから西武、日本ハム、ダイエーの代表者それぞれ一人と、第三者から三人を招いてＦＡ問題等研究専門委員会という諮問委員会が設置されることになった。

興味深いことに、このメモからは、選手たちの「権利」であるＦＡ制度は球団にとってまるで異なる意味合いを持っていたことがわかる。開発協議会では、ＦＡ制度を三つの観点から捉えた。

（一）対選手会＝対世（間）論

（二）対マスコミ

(三)実態としてどうすべきか、活性化をはかるには

(一)は、選手会とどういう話し合いをしていくのかということだろう。そもそも、ＦＡ制度は選手会の提案から必要性が問われはじめた。読売新聞が実施したキャンペーンもあり、世間では選手たちを支持する声が高まっている。基本的にファンは選手の味方であり、その点を意識して制度設計や話し合いを進めていく必要がある。

(二)は、マスコミに対してどんなコメントを発しながら、選手会や世間を含め、球団側にどうやって有利に持っていくかという趣旨だろう。球団代表たちが世論形成を意識しながらプロ野球の運営をおこなっていたことがわかる。

(三)は、ＦＡ制度をどのような形で導入し、機能させていくか。ＦＡ権を取得した選手たちが自由に球団を選べるようにする何よりの大義は、球界全体の活性化に他ならない。

そしてメモの最後に書き留められたのが、「保留権のあり方の変更　Ｆｒｅｅ　Ａｇｅｎｔ」という文面だ。

小嶋がこう記したように、保留権のあり方が変わることこそ、ＦＡ制度の最大の論点だった。

一軍と二軍は平等であるべきか

ＦＡ制度を導入した場合、資格を得た選手が自由に所属先を選択できるようになるだけではなく、それに付随して球団はさまざまな変化に見舞われる。当然、その変化は選手たちにも多くの影響を及ぼしていく。大袈裟に言えば、ＦＡ制度はプロ野球のあり方を大きく変えるものだ。

その最初の波として訪れたのが、支配下登録枠の変更だった。

「球団側が（ＦＡ制度の）バーターを言い出してきたんです。七〇人枠のことです」

第1章で選手会事務局の大竹の言葉を紹介したように、選手会が提案したＦＡ制度をかたくなに拒否していた球団側は、交渉を始めるにあたり〝交換条件〟を持ち出した。そうして一九九一年秋のドラフト会議から、各球団の選手登録枠が六〇人から七〇人に拡大された。七〇人の支配下登録選手を一軍の四〇人と二軍の三〇人に分け、シーズン中の入れ替えをなしとしたのである。

なぜ、球団側はこうした条件を突きつけたのだろうか。

「何度説明しても、選手会は理解できなかった」

渋い表情を浮かべながら、小嶋は淡々と語った。当然、球団側には明確な意図があった。各球団が支配下登録できる上限が六〇人までだったこの頃、小嶋によれば、一シーズンに一軍で出場する選手は三八〜四二人程度だった。つまり、残り約二〇人の選手は一度も昇格しないまま二軍に在籍しつづけている。それなら、一軍の枠を四〇人に固定すればいいと球団側は考えた。

小嶋がその目的について説明する。

「一軍の四〇人に対し、いかに優遇策をとってあげるかということです。例えば当時、選手の年金制度がありました。今はないですよ。実質的に破綻してしまっている。我々は選手会に対し、『一軍枠の選手を優遇する年金制度に変えたらどうだ?』と伝えました」

しかし、選手会は球団側の提案を呑まなかった。

「(支配下登録された)全体に対する年金制度で、(一部の)選手を差別することはできない」

プロ野球の各球団は、実力別に一軍と二軍に分かれている(近年は三軍を設置する球団も増えてきた)。両者は待遇から活動場所まで異なる環境に置かれるなか、一軍と二軍を〝別の集団〟と捉えるのか、一つの球団に属する〝同じ選手たち〟と見るのか。その視点のちがいにより、制度設計の基準も変わってくる。

球団側の見解として、一軍と二軍は明らかに異なる集団であると小嶋は語る。

「我々にしてみれば、活躍した選手たちに対する優遇策が年金制度であり、FA制度でもある。ファームの選手なんて、実際に経営上は貢献していないわけです。それなのに、優遇策で対応させるのはおかしい。逆にファームの選手に対しては監督やコーチなど指導者をつけて、能力を開発して、選手の価値を上げてやっているわけだから。価値を上げるためのコストを球団が負担している選手にまで、年金制度とか優遇策を対象とするのは必ずしもいい話ではない。その対処を明確にすべきだ。それが一軍枠です」

小嶋の言う世界観が明確に形成されているのが、アメリカのMLBだ。各球団は八軍から構成され、一軍にあたるメジャーリーグと二軍以下のマイナーリーグでは、選手たちの待遇は極端に異なっている。例えば、メジャーリーグに四三日以上在籍した選手は年金を受けることができ、一〇年以上在籍すれば満額で年間二一万ドルが支給される。逆にマイナーリーグのみで選手生活を終えれば、一ドルも支給されない。制度的にも純然たる実力主義が敷かれている。

対して日本のプロ野球では、選手会は一軍と二軍の平等を訴え、FA制度や年金について全員を対象にするように求めた。それは労働組合として、当然の姿勢だったと言えるかもしれない（NPBの年金制度は二〇〇四年に破綻している）。

しかし球団側は選手会の要求を退け、FA制度は一定以上活躍した選手に対する「優遇策」

だと主張した。七〇人枠に対して最初は拒否していた選手たちだが、最終的に球団側の要求を受け入れたことで、FA制度は実現へと向かっていく。

経営状況は巨人一強

「FA制度をどういう形にするかは、そんなに難しい話ではなかったんです」

同制度の条件をどうやって決めたのかを訊くと、小嶋は涼しげな顔で振り返った。一九九二年の初めから開発協議会で検討し、翌年の三月には具体的な内容ができ上がっていたという。

小嶋の説明を聞くと、日本のFA制度が使いにくい理由を逆説的に理解できる。

「メジャーリーグの前例がありますからね。メジャーは、資格の取得まで短期間（六年）でしょ？　日本は最低一二年くらいから検討を始めた。それで最終的に一〇年になった。（一軍登録日数としてのカウントを）『一シーズン＝一五〇日』という骨子をつくるのは、メジャーの例を参考にするだけだから、そんなに難しい話ではない。

それよりFA制度を導入した後、それがどう経営に影響するかを考え、日本のプロ野球界が発展しつづけるためにどういう体制をつくっていくかを整備するほうが大事だった」

一九九二年三月からの一年間で計一六回開かれたＦＡ問題等専門委員会では、同制度についてさまざまな方向から検討が重ねられた。

参加者は巨人の湯浅武、阪神の澤田邦昭《さわだくにあき》、中日の伊藤潤夫《いとうかつお》、日本ハムの小嶋、ダイエーの坂井保之《さかいやすゆき》、西武の清水信人《しみずのぶひと》という六人の球団代表と、外部から有識者として招かれた三人だ。委員長を任されたのがテレビ東京会長の中川順で、弁護士の根岸重治《ねぎししげはる》、ＭＬＢに精通する慶應義塾大学法学部教授の池井優がメンバーとして名を連ねた。

最初に議論されたのは、前述したように保留権のあり方だった。球団にとって、保留権は運営の根幹に関わる。そこに風穴が開くと、さまざまな影響が出てくる。ＭＬＢの例を見てもわかるのが、年俸高騰だ。

そこでまず、各球団の経営状況を把握する必要があるとされ、具体的な収支状況を出して検討することになった。小嶋が明かした一部を見ると、「球界の盟主」の突き抜け方に圧倒される。

・巨人：六四億円のプラス
・西武：プラスマイナスゼロ
・ダイエー：プラスマイナスゼロ

・日本ハム：一億四四〇〇万円のマイナス

阪神は「次回出す」と言いながら、最後まで明かさなかったという。

西武とダイエーはプラスマイナスゼロだが、親会社に広告宣伝費を補塡されてのことだ。

パ・リーグの各球団は総じて厳しい経営状況に置かれていた。

こうした状況でＦＡ制度を導入すると、有力選手が巨人に集まることは目に見えていた。

ＭＬＢの忠告「我々の二の舞を避けろ」

一九九二年四月に開催されたＦＡ問題等専門委員会の第三回では、同制度の導入について六人の球団代表がそれぞれの立場を明らかにしている。

・澤田（阪神）：反対
・伊藤（中日）：反対
・湯浅（巨人）：移籍の自由を導入する方法を日本的な方法で導入すべき
・小嶋（日本ハム）：時期尚早

・清水（西武）：個人として、平等な一委員として、結論を出すに到っていない。球団でもまだ結論、統括するに到っていない

・坂井（ダイエー）：球団の収入源の限界。ＦＡだけを一人歩きさせるべきではない。全体の活性を考慮の上（以上、原文ママ）

セ・リーグの球団代表のうち、賛成を表明したのは巨人の湯浅だった。ＦＡ導入を求める理由として、「読売新聞の世論調査で『ドラフトを見直しながら存続』が六五％に上ったこと」や、「サッカーではスーパースター（三浦《みうら》知良《かずよし》）に一億円の年俸を提示」「チームづくりの特殊性はあっても良い」としている。一九九三年にJリーグが開幕する三年前、読売クラブ（当時）に移籍した三浦が年俸一億円で契約したことなどから盛り上がりはじめたサッカー人気に危機感を抱き、プロ野球でも制度改革の必要性を訴えた。

一方、阪神の澤田は「年俸高騰」、中日の伊藤は「野球協約の見直しの必要性」などから反対の立場をとった。

対して、パ・リーグは三球団の意見が分かれている。西武の清水が回答を保留したなか、日本ハムの小嶋とダイエーの坂井は独自の意見を表明した。二人の主張で共通するのが、球界全体の未来に目を向けているところだ。慢性的な赤字が続くパ・リーグからすれば、プロ

野球のあり方を変えていく必要性があると考えたのだろう。

ダイエーの坂井は「全体の活性を考慮の上」と条件をつけつつ、FA制度を導入することによる球界活性化を訴えた。坂井は前職で西武の球団代表を務め、「球界の寝技師」と言われた根本陸夫《ねもとりくお》とともに黄金時代の礎を築いた人物だ。当時から巨人に対して並々ならぬ闘争心を燃やし、それがFA制度の行方にも影響を及ぼしていく。この点については後述する。対して日本ハムの小嶋が賛否を述べずに「時期尚早」としたのは、アメリカの前例も踏まえてのことだった。

「我々の二の舞を避けなければいけない。この制度にはいろいろ問題がある」

NPBでもFA制度の検討を始めたことを伝えると、MLBのコミッショナーや球団提携するヤンキースから小嶋はそう忠告されたという。MLBではFA制度を導入して以降、選手の年俸高騰や、財力のある球団に戦力が集中するという問題が起きていたからだ。MLBの平均年俸はFA制度を導入した一九七六年に五万ドル強だったのが、一九八八年には四四万ドル弱まで膨れ上がっていた。こうした点を踏まえると、NPBでもFA制度に対応するためのしかるべき準備が求められた。

「(FA問題等専門委員会などで)時間をかけながら意見を出し合ったのは、メジャーからの答申もあったからです。導入するためには野球界がどう対応していくか、早急に目処をつけないといけない。その体制づくりについて議論を交わし合いました」

「選手会はFA制を安易に考えていた」

ＦＡ制度と保留制度は、コインの表と裏のような関係にある。

球団の運営は保留制度を前提とされており、ＦＡ制度を導入する場合、それによって生じる変化に対応できる体制を整えておかなければならない。小嶋が賛成でも反対でもなく「時期尚早」とした真意は、この点にあった。

最たる理由の一つが、ＦＡ制度を導入すると選手たちの査定に影響が出るからである。

「一人の選手がＦＡ宣言することによって、（チーム全体に）待遇改善の必要性が出てきます。ＦＡで外に出る選手も、球団に残る選手も、査定上の評価基準は一緒です。ただしＦＡで退団されると影響が大きい選手には、説得して残ってもらわないといけない。それまで同じ基準で公平な査定を全選手にやっていたのが、ＦＡ制度のために（宣言した選手の年俸だけ）公平性から外れてしまうわけです。

球団としては、『ＦＡ宣言するか、しないかで、待遇は変わります』というのは当然。残ってもらわないといけないので。でも後々、その査定は他の選手の契約も含めて全選手に影響してきます。FA宣言した選手に残ってもらうために(年俸を)プラスアルファするので、他の選手は『残っている自分たちにはもっと上げろ』となる。そういうことに対して、球団としてどう対応していくか、考えることが必要だった」

七〇人の支配下登録選手と契約する球団の理屈からすれば、小嶋の言うことは「正論」だろう。FA権を取得した選手は支配下登録枠のなかでほんの一握りにすぎず、好待遇を与えるのはあくまで「特例」だ。彼らへの査定をすべての選手に適用すれば、年俸が膨れ上がってしまう。

だが、保留制度の下に置かれた選手たちは、ダブルスタンダードとも言えるこのような待遇の差に、はたして納得しているのだろうか。客観的に見ると、割を食っているような選手もいる。

そうした意味で二〇一九年オフ、二選手の契約更改が注目を集めた。ソフトバンクの外野手の福田秀平と、中日の中継ぎ投手の祖父江《そぶえ》大輔《だいすけ》だ。

二〇〇六年高校生ドラフト一巡目でソフトバンクに入団した福田は長らくスーパーサブとして貢献し、プロ入り一三年目の二〇一九年シーズンに国内FA権を取得した。推定年俸三六〇〇万円の左打者に対し、獲得に名乗りを挙げた五球団(西武、ロッテ、楽天、ヤクルト、中日)と、宣言残留を認めるソフトバンクはいずれも四年総額四億円以上の条件を提示したと報じられた。

二〇一九年シーズンの福田は八〇試合で打率二割五分九厘、九本塁打、二六打点、九盗塁と決して好成績を残したわけではない。にもかかわらず、なぜ待遇が急変したのだろうか。その理由は、福田がソフトバンクのフロントにかけられたという言葉によく表れている。

「これでホークスの管理下ではなく、市場の選手になったね」（「Ｎｕｍｂｅｒ ｗｅｂ」の記事「プロ野球選手がＦＡする理由と葛藤。ＳＢ福田秀平が決断前に明かした本心。」より）

福田はＦＡ宣言したことでソフトバンクの保留権から実質的に外れ、市場で球団間が獲得競争を繰り広げたことにより、価値が急騰したのだ。最終的にはロッテ入団を決めている。

対して、不遇をかこったのが中日の祖父江だ。二〇一三年ドラフト五位で入団した右腕投手は一年目から六年続けて毎年三三試合以上に登板（平均四三・八試合に登板）、二〇一九年はチーム四位の四四試合に投げて防御率三・一一だったが、同年一一月一二日の契約更改では推定年俸二九〇〇万円からダウン提示を受けて保留した（後に三六〇〇万円だったと判明）。第三者から見るとブルペン投手の奮闘が報われていない評価に感じられ、ダルビッシュ有《ゆう》（カブス）がツイッターで反応して話題になった。

「昨年の現状維持もやばいけど、今年のダウンもかなりやばい。推定やから細かくはわからんけど六年二六三試合で防御率二・〇八で二九〇〇万て。。評価基準を知りたい。」（原文ママ）

結局、祖父江は一〇〇〇万円ダウンの推定年俸三五〇〇〇万円で契約更改した。この評価について、中日の球団代表を務める加藤宏幸《かとうひろゆき》はこう説明している。

「彼はここ三年ぐらいの継続的な登板数を評価してほしいということ。（球団として）評価はするが、反映ポイントにない。それ（継続的な登板数）を評価してほしいなら、早くFAを取ってくださいというのがこちらの主張」（スポニチアネックスの記事「中日・加藤代表　保留の祖父江とは継続的な登板数で『考え方に差』　44試合に登板もダウン提示か」より。一部括弧内筆者）

福田と祖父江の所属球団は異なるものの、両フロントの発言から、FA権を有するか否かで査定基準が変わることが見て取れる。FA権を獲得し、市場に出るだけの価値を積み上げればその評価が年俸に反映されるものの、所属球団の保留権の下にいる選手は、基本的に一年ごとの貢献度で年俸が決められる。少なくとも中日では、継続的な活躍が年俸に評価されることはない。

結局、祖父江は二度目の交渉で契約更改したが、彼のように活躍を十分に評価されていない選手は数多くいる。それでも球団の理屈からすると、保留権の下にいる選手の評価が抑えられるのは仕方がないことなのだ。

「（FA制の導入について）選手会は安易に考えていました」

自由に球団を選べる権利をただ望み、FA制度の導入による変化について考えていなかった選手たちを、小嶋は一刀両断した。祖父江の一件を踏まえると、この言葉は重い。

「ＦＡで主力選手がいなくなり、その結果として例えば最下位になると、残った選手たちの年俸に全部影響するわけです。チームが弱くなると、全部の評価を下げざるを得ない。選手会はそんなことをまったく考えていなかった」

個人事業主であるプロ野球選手の査定は、個々の成績に応じておこなわれるものだ。しかしチームの成績が上がらなければ、年俸の上がり幅を抑えられるのが通例である。

また、各球団の年間予算は決まっており、そのなかで選手たちの年俸が決められていく。例えばＦＡで移籍してくる選手に対して通常の査定基準より高い額を払う場合、逆にしわ寄せを食う選手が生まれても仕方がない。

ＦＡ制度が与える影響は、年俸だけでも広範囲に及んでいるのだ。

球界改革に動き出したパ・リーグ

球団側が予期していたとおり、一九九三年にＦＡ制度が導入されると、選手たちの平均年俸は上昇の一途をたどった。

一九九三年の一九六三万円から翌年は二三五五万円となり、一九九五年には二七〇〇万円に上昇。一九九八年には三〇六〇万円、二〇〇四年には三八〇五万円に上がった。二〇二〇年時点では四一八九万円となっている（日本プロ野球選手会の公式HPより）。

言わずもがな球団の財源には限りがあり、選手の人件費アップにどうやって対応するかはFA制度の導入前から課題だった。とりわけ巨人戦による年間一三億円のテレビ放映権料がないパ・リーグにとって、新たな収入源の確保が不可欠だ。そこで提案したのが試合数の増加である。プロ野球は一九六六年から年間一三〇試合制で開催されてきたが、もっと増やすべきだと訴えた。

しかも、ただ数を多くするのではない。ファンが胸躍らせるような、新たな対戦カードを打ち出すべきだと主張した。当時のパ・リーグの声を小嶋が代弁する。

「同じリーグの六球団が入れ替わり、今週おこなったカードを来週はホームとビジターを裏返してやるのでは、カードの魅力が削がれてしまう。そこでパ・リーグは以前から交流戦を提案していました。新しい付加価値のある交流戦を導入して、セ・パが手を結べる体制をつくっていこうということです」

FA制度の導入までにセ・パの話し合いはまとまらなかったが、二つの要求は後に実現された。年間の試合数は一九九七年から一三五に変更されると、二〇〇一年から一四〇とさらに増え（二〇〇四年のパ・リーグは一三五試合）、二〇〇五年からの二年間は一四六、二〇〇七年から一四四、二〇一五年以降は一四三試合制でおこなわれている。また、球界再編騒動の翌年、二〇〇五年から交流戦が実施された。

ペナントレースのフォーマット変更に加え、テレビ放映権料のあり方を変えたいとパ・リーグは望んだ。球団ごとに契約するのではなく、NPBが試合の管轄権と放映権を一括管理し、一二球団に配分する方式にすべきと提案したのだ。

しかし、セ・リーグは首を縦に振らなかった。

「各球団とも、『一試合でもジャイアンツ戦が減るのはダメだ』と。『それなら試合数を増やそうじゃないか』という話になったけれど、増えたのはあくまで同一リーグの試合だった。当時の球界にはそういう考えしかなかった。(増やした分だけでも)コミッショナー管轄の試合にして、アメリカみたいに放映権を一括で管理して分配する形をつくってもいいじゃないかと主張したけれど、そういうことは実現できなかったね」

小嶋は視線を遠くに向けながら、そう話した。

当時から二〇年以上が経過し、地上波からCS放送やインターネットに野球中継の主戦場が移った今も、NPBによる放映権の一括管理は実現されていない。Jリーグは二〇一七年からインターネット中継のDAZN《ダゾーン》と一括契約を交わし、一〇年二一〇〇億円という巨額契約を結んだにもかかわらず、NPBに追随する気配はない(二〇二〇年八月、JリーグとDAZNは二〇一七年から二〇二八年までの一二年間で約二二三九億円という新たな放映権契約の締結に合意)。リーグによる一括管理にすればプロ野球全体の放映権料が高くなることは世界のスポーツビジネスを見渡しても明らかだが、それでも変えられない事情が球界には昔も今もあるのだ。

その一方、球界再編騒動を経た二〇〇七年、パ・リーグはリーグビジネスに打って出た。六球団が共同出資し、パシフィックリーグマーケティング株式会社を設立。インターネットで試合中継を視聴できる「パ・リーグＴＶ」などのサービスを始め、ファンの好評を博している。じつは、こうして二〇〇〇年代後半から花開いたパ・リーグ人気の種は、ＦＡ制度が検討されはじめた頃に蒔《ま》かれていた。

「熱パ」から人気のパへ

埼玉県所沢市に本拠地を構えた西武が黄金期の礎を築き、ロッテと近鉄が川崎球場で伝説と語り継がれているダブルヘッダー「一〇・一九」を戦い、仰木《おおぎ》彬《あきら》率いる近鉄が悲願の優勝を果たした一九八〇年代。

テレビや新聞で盛んに謳われたのが、「熱パ」の二文字だった。「熱波」をもじったとされるこのキャッチコピーをより多くの人の目に触れさせるべく、パ・リーグは積極的に仕掛けた。

その前線拠点となったのが、駅のキオスクだ。一九八八年開幕時点で、西武、近鉄、阪急、南海という四球団の母体が鉄道会社だった。スポーツ紙は販売部数の多くを駅売りが占めており、小嶋は鉄道会社の販売網に目をつけた。

「パ・リーグ共通で、親会社も一緒になって盛り上げていこうとなりました。セ・リーグに比べて、パ・リーグは親会社が大きかったですからね。例えば同じお金をかけるなら、オーナー会社を含めてやれば、パ・リーグの資本効果が出るわけです。

具体的に言えば、スポーツ紙に『パ・リーグのことをもっと扱ってくれ』と圧力をかけました。そういうことを大社オーナーからパ・リーグのオーナー懇談会で提唱してもらうと、近鉄の佐伯（勇／当時オーナー）さんは『それはできるだろう。近鉄の記事を扱ったヤツは一番前に置け。扱わんヤツは後ろに下げてしまえ』と。『熱パ』というのもパ・リーグ共通でやりはじめたことです」

露出を増やすための方策だけではなく、後のパ・リーグ人気につながる壮大な構想もこの頃に描かれている。

その最初の動きとして表れたのが一九八九年シーズン、南海を買収した新球団ダイエーが大阪から福岡に本拠地を移転したことだった。以降、パ・リーグ各球団はホームタウンを地方へ移していく。

二〇〇四年シーズン、東京から北海道に本拠地を移転させた日本ハムの決断も、ＦＡ制度の導入以前から検討されていたことだったと小嶋は振り返る。

「なんで僕が北海道に本拠地を移したかと言うと、当時のプロ野球は関西に四球団、関東に六球団あった。あとは広島と名古屋。フランチャイズと言っても、（距離が）グッと縮まったところにある。それが日本のフランチャイズ。ところが、実行委員会で誰もそういう問題を提起しない。みんな、自分たちの利害関係しか考えていなかったから。そうではなく、プロ野球界の根本的な問題を話し合わないといけない。それを最初にパ・リーグがやりはじめた。

大きな観点で言えば、フランチャイズをいかに散らばせるかを考えていた。だから川島（廣守）さんが（第一〇代の）コミッショナーに就任したとき（一九九八年）、『フランチャイズが東京に固まりすぎている。少なくとも、うちが真剣に検討する』と早々に伝えて北海道に移す体制をつくった。それによって（関東や関西とは異なる）独立したフランチャイズが立ち上がったわけです。そこで何かうちがやれば、マスコミにそれなりに注目される。例えば何かのキャンペーンで同じお金をかけるにしても、東京でやるのとは効果が全然ちがう。そういうことを考えて、うちが北海道に移った。ロッテが川崎から千葉に移った。九州にはダイエーが行った。楽天が仙台に入ってきた。すべてはパ・リーグが打ち出したことです」

一九八八年時点のプロ野球は、関東に巨人、大洋、ヤクルト、西武、日本ハム、ロッテ、関西に阪神、近鉄、阪急、南海とフランチャイズが東西の二大都市圏に固まっていた。そんななかで東の巨人、西の阪神に人気は集中し、パ・リーグ各球団は存在感が薄かった。

そうした昭和期に意図してつくり出された「熱パ」の波は、本拠地移転という構造改革を経て、外部人材の登用などでスポーツビジネスとも結びつきながら、平成から令和を迎えた今、パ・リーグ人気として定着している。

小嶋ら当時の球団代表たちが目の前の利害だけに固執せず、先を見据えたからこそやってきた未来だった。

日本ハムの未来を開く巨額投資

パ・リーグ各球団が厳しい経営状況にあえぎ、二〇年後に到来する明るい未来がまだ見通せていなかった一九九〇年代前半。球団代表たちはFA制度の導入を検討するにあたり、財政面だけではなく、選手に関する制度についても話し合っている。

その一つが、**セレクション会議**の復活だ。小嶋が説明する。

「現在の球団では一定以下の試合数しか出場の場を与えられていないが、よそに行けば、もっと主力として活躍できる選手がいる。そういう選手の活躍の場、能力を発揮させられる場所を早くつくろうと、開発協議会で何度も検討しました」

一九九〇年代に実施されたセレクション会議は、二〇一九年に選手会が提案した現役ドラフトと同様の目的で実施された。出場機会の少ない選手に対し、移籍の活性化を図ってチャンスを与えようというものだった。

一九九〇年三月に開催された第一回では、一軍に在籍した三三人と入団三年未満の選手がプロテクトされ、「移籍を希望した」二〇人しか対象にならずに一件も成立しなかった。

同年一一月の第二回では各球団が六〇人をプロテクトし、「来季の構想から外れた選手」として約四〇人が対象になった。三〇代中盤から故障を重ねた島田誠《しまだまこと》(日本ハム)と坂口千仙《さかぐちちせん》(ダイエー)のトレードなど、三件が成立している。翌年の第三回では角盈男《すみみつお》(日本ハム)と小川淳《おがわじゅん》司《じ》(ヤクルト)のトレードがまとまった。

控え選手たちに活躍の場を与えようとしたセレクション会議だが、球団によるプロテクトの数が多すぎて、目的どおりに移籍を活性化させることはできなかった。

また、FA制の検討に伴い、「そもそもプロ野球に二軍は必要なのか」という議論も交わされた。フロントの視点から小嶋が説明する。

「経営だけを考えれば、(育成するためのコストをかけずに済むから)二軍は必要ない。例えば外国人選手の枠を取っ払って、チームに何人入れてもいいとする。そうするとアメリカの3Aや2Aから年俸の安い選手をいくらでも連れてこられる。それでやるほうが、(全体的なコストは)はるかに安い。日本のフランチャイズのファンに受けるかどうかは別にして、案としては検討しました」

各球団にとって、二軍は言わばコストセンターだ。選手が一軍に昇格しないかぎり、球場の観客やテレビの視聴者の前でその商品価値が発揮されることは基本的にない。それでも一定以上の契約金と年俸を払うのは、先行投資の意味合いが強くある。だからこそ、球団は若手をしっかり育成しなければならない。

とりわけFA制度が導入されると、資金力の弱い球団は主力選手を引き抜かれる可能性が高まるため、その穴を埋められる若手を育てていく必要がある。それができなければ単なる「草刈り場」となり、チームは弱体化し、勝てなくなったチームからファンが離れていくという悪循環が生まれかねない。

そうした将来を回避するべく、日本ハムが「育成球団」の特徴を強くしたのはこの頃からだった。二〇〇一年オフに片岡篤史《かたおかあつし》が阪神、二〇〇六年オフに小笠原道大《おがさわらみちひろ》が巨人にいずれもFA宣言して移籍しながらも、チームは二〇〇七年以降、優勝、三位、優勝と好成績を保っている。小谷野栄一《こやのえいいち》や髙橋信二《たかはししんじ》らが台頭して退団者の穴を埋めたからだ。

若手が育つ土壌を整えるため、一九九四年一〇月、日本ハムは巨額投資をおこなった。一三〇億円をかけ、千葉県鎌ケ谷市に野球場や合宿所などを含めた「日本ハムファイターズタウン鎌ケ谷」の建設を始めたのだ。FA制度の導入直後にこうした手を打ったからこそ、主力が次々と去った一方、ポテンシャルを秘める若手たちが台頭し、定期的に優勝争いを繰り広げるというサイクルができ上がった。小嶋たちが種を蒔き、今日まで日本ハムは独自カラーを持った球団運営を続けている。

「FA制度の先を見越して、うちは鎌ケ谷に一三〇億円を投下して選手を内部で育てて活躍させようという体制をつくった。それが今、生きている。次から次へと選手が育つ。そのために大変な投資をしたわけです。

他にもそういう必要性のある球団はいくつかありました。それに対応しなかった球団は、むしろ（若手を育成する環境を）手放したりしていた。私がFAを『時期尚早』としたのはそういうことが理由です。選手の能力と技術を高めることにより球団の財産を大きくし、財産としての価値が大きい選手が出ていっても回る体制を各球団がつくることができたら、FA制度をどんどんやればいい。ところが一人が抜けたおかげでチーム全体がガタッと落ちてしまうと、チームの相対的な価値が低くなる。それが複数球団でどんどん起こるような形は、プロ野球界全体にとって良くない。だから他の球団も全部対応できるという見通しを立ててから、ＦＡ制に進むべきという意見を表明しました」

〝獲る側〟と〝獲られる側〟

小嶋はＭＬＢの例に学び、日本ハムがどういう道を歩めば球団として繁栄していけるかを考えた。一九九三年にＦＡ制度が導入されて以降、日本ハムは年俸の高い選手がＦＡになった際に引き留めず、代わりに若手を育成するという方針で中期的に結果を残している。

端的に、ＦＡ制度は〝獲る側〟と〝獲られる側〟に分かれる。ＭＬＢと異なり収益の分配制度が存在しないＮＰＢの場合、とりわけその特徴が色濃く出る。

左ページの図は、同制度が誕生してから二〇一九年までの間、ＦＡで獲得した人数と退団した人数を球団別に並べたものだ。

資金力の限られる西武、日本ハム、広島は退団人数が多く、獲得は少ない。現存する一二球団で一人も獲得していないのは広島のみだ。そんな状況で西武、広島は主力を引き抜かれて低迷した時期を経て、近年、育成サイクルをうまく回して優勝を重ねている。

一方、獲得した人数で群を抜くのは巨人で、ソフトバンク、阪神が続く。

そんななかで注目したいのが、南海の血を継ぐソフトバンクだ。昨今は三軍制を敷いて若

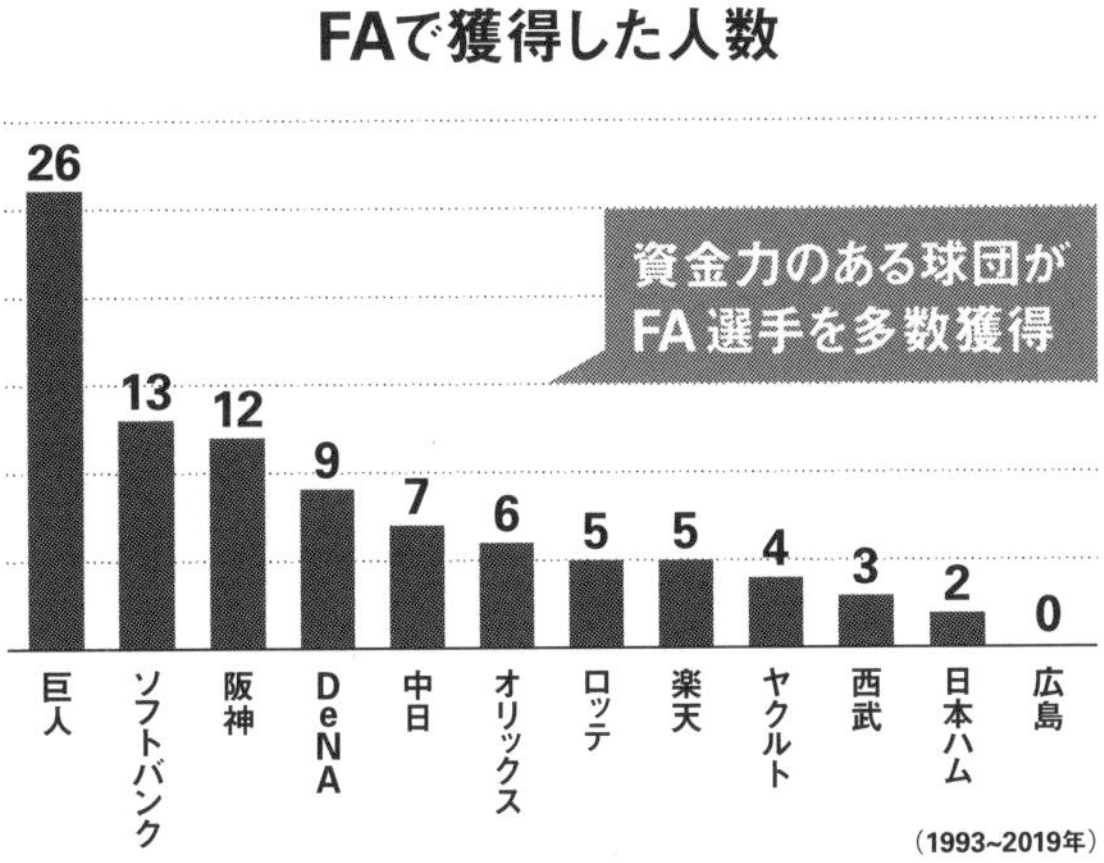
FAで獲得した人数
資金力のある球団が
FA選手を多数獲得
26 巨人
13 ソフトバンク
12 阪神
9 DeNA
7 中日
6 オリックス
5 ロッテ
5 楽天
4 ヤクルト
3 西武
2 日本ハム
0 広島
（1993~2019年）

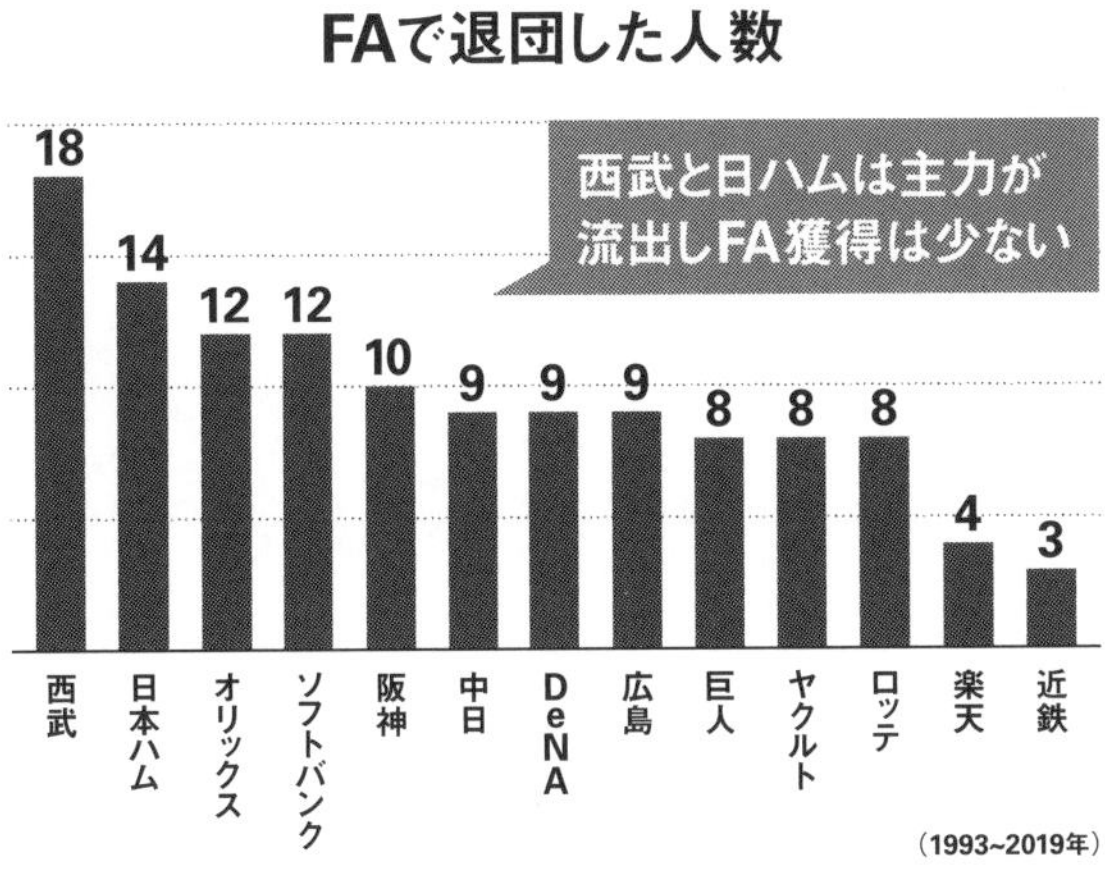
FAで退団した人数
西武と日ハムは主力が
流出しFA獲得は少ない
18 西武
14 日本ハム
12 オリックス
12 ソフトバンク
10 阪神
9 中日
9 DeNA
9 広島
8 巨人
8 ヤクルト
8 ロッテ
4 楽天
3 近鉄
（1993~2019年）

手の台頭も増えているなか、強豪球団としての土台になったのが豊富な資金力だった。本拠地を福岡に移した一九八九年シーズン以降、前身のダイエー時代からFAやドラフトで有力選手を集め、それが現在の黄金期へと結びついている。巨人に代わって「球界の盟主」という声も挙がるほどだ。

ホークスがそうした変貌を遂げていくうえで、ダイエー時代の一九九〇年から球団代表を務めたのが、前年西武を退団していた坂井だった。

昭和の球界で発揮された〝豪腕〟

「FA制度を裏で推進したのは俺だから」

関東地方で夏の猛暑が日に日に激しさを増していた二〇一九年七月後半、坂井が豪語した言葉を私は鮮明に覚えている。小嶋に会った二週間後、神奈川県の湘南エリアにある坂井の自宅を訪れた際に聞いたセリフだ。

一九九二年四月に開催された第三回FA問題等専門委員会で、同制度の導入について六球団の球団代表が意見を表明した際、巨人とともに「賛成」と答えたのがダイエーの球団代表を務める坂井だった。

「本当にいいヤツ（選手）らは他に行かんという自信があるから。俺の魅力で金タマをギュッと握っている。カネじゃダメだ。カネの魅力なら、よそだって裏金を使うからな。そのクラス（の選手）になると」

一九七〇年からロッテ、太平洋クラブなどで球団運営に携わった坂井は一九七九年シーズンから埼玉県所沢市に本拠地を移した西武で、一九八〇年代中旬から一〇年間で九度のリーグ優勝を達成する黄金期の礎を築いた。数々の勝利の裏にあったのが、管理部長（今で言うGM）の根本と、球団代表坂井の〝豪腕〟だ。

「いい選手を獲るのは、まずは発見。たいていのヤツは、両親を含めてカネで転ぶよ。もともとカネが欲しくてプロ野球選手になるんだから」

すでに数十年が経過したとはいえ、〝裏〟の話をあっけらかんとすることに心底驚かされた。カネで転がしたのかは不明だが、西武は黄金期を迎える前、後の主力を独自の方法で迎え入れた。一九七八年オフには松沼博久《まつぬまひろひさ》&雅之《まさゆき》の兄弟、翌年には八代高校の秋山幸二《あきやまこうじ》を他球団との争奪戦に勝ち、いずれもドラフト外で獲得する。さらに、熊本工業高校の伊東勤《いとうつとむ》を所沢高校の定時制に転校させ、西武の球団職員として囲い込んで一九八一年ドラフト一位で入団させた。

「ヨソに引っかかっているのをこっちに覆らせるには、ちょっと根性がいるよ。『あの選手のオヤジがどこどこの球団のスカウトから小遣いを三〇〇万円もらったと喜んでいました。うちが今から手をつけてもダメです』って言ってきたスカウトがいた。『お前、三〇〇万円で負ける気か？　それは本気？　それがプロの世界？　お前の人生をかけて、あいつをゲットしようとしていないからだ。そのほうが問題だよ』。そう言うと、そのスカウトは顔色を変える。だから終いには、（いい選手を他球団に獲られそうという）悪い噂が俺の耳に入ってこなくなった」

坂井によれば、スカウトがどこまでお金を使っていいか、球団内に決まりはなかったという。

「俺は言わば、西武ライオンズという大きな建物を建てようという大工だよ。俺の言うとおりにやれば、家が建つんだよ。そんなことはダメだと言うなら、俺をやめさせてくれ。プロの世界だから、俺を欲しい人はいっぱいいる。その代わり、同じリーグでヨソに行ったら、悪いけど西武を目の敵《かたき》にしますよ。いいんですね、と。そのときに堤《つつみ》オーナーが『なんで坂井を辞めさせたんだ』となって問題にならんですか？　そうなってからでは手遅れですね。そういう話だよ」

坂井は夫人に冷蔵庫から缶ビールのロング缶を持ってこさせると、「飲めよ」と筆者のグラスに注いだ。麦色の冷えたアルコールを喉に流し込むと、いつも以上に五臓六腑に染みわたる。自らも喉を潤した坂井は、さらに饒舌さを増していった。

その口を衝いて出るのは、筆者が肌で知らない〝昭和のプロ野球〟の世界だった。

FA賛成の真意は「G下ろし」

コンプライアンスやガバナンスなどクリーンな価値観がとりわけ重視される時代になってからプロ野球の取材を始めた私にとって、坂井の話す世界はあまりにも衝撃的だった。裏金が飛び交う昭和の球界の話を書物で読んだことはあるが、当人の口から語られることで、昔話は現実としてまざまざと蘇ってくる。

一九八七年に二〇〇勝投手の東尾《ひがしお》修《おさむ》、一九八九年にコーチの土井正博《どいまさひろ》が賭博容疑の不祥事を起こし、坂井は同年限りで西武の球団代表から退いた。そして翌年、福岡に移転して二年目のダイエーの球団代表に就任する。

ちょうどその頃に議論されたのが、FA制度だった。

今から四半世紀前に導入されたFA制度は、一体どういう経緯で成立したのか。詳細な資料が残っていないため自分で調べていることを伝えると、坂井は豪快に言い放った。

「残っているものはみんな綺麗事だよ。僕なんかも本に綺麗事を書いたよ。本当のことなんて書かないよ。本当のことは何かと言うと、G下ろしだよ。G下ろしのために、みんなが自由に選手を獲れるという道筋をつけたんだよ。Gが独占できないようにしたわけ。Gはそれに対抗する手段がないわけ。のほほんとしているから」

G＝巨人が導入を進めたFA制度とドラフトの逆指名制度に、当初から賛成したのがダイエーの坂井だった。先述したように中日や阪神もFA制度に反対していた頃から、坂井だけは導入を支持している。オーナー堤義明《よしあき》の巨大な資金力で支えられていた西武時代、アマチュア選手の獲得競争を巨人と繰り広げ、互角以上に渡り合った自負があった。

「俺にとってジャイアンツは倒すべき相手よ。倒さないと日本一になれない。俺が倒すというのは、日本シリーズで倒すということではない。ジャイアンツのなかにいる、俺みたいなヤツ（フロントのトップクラス）が『あいつにはやられたな。俺の時代も終わったな』と心のなかでつぶやくときが俺の勝利。ドラフト改革やFAの導入も巨人が『やるべきだ』と言っていたけど、『バカだな、巨人は。自分の自由になると思っているんだな』と思ったよ」

西武からダイエーに移った坂井は、一九九三年シーズンから代表取締役専務兼監督に就任した根本とともに、FAやドラフトの逆指名で有力選手を次々と迎え入れた（根本は一九九四年限りで監督退任して専務に専念）。

FAでは一九九三年オフに宣言第一号となった松永を阪神から入団させると、翌年には工《く》藤公康《どうきみやす》、石毛宏典《いしげひろみち》を古巣の西武から獲得している。

ドラフトでは一九九三年、巨人との争奪戦の末、この年の目玉とされた小久保裕紀《こくぼひろき》を逆指名で射止めた。しかも二位指名とし、一位に空けた枠では神奈川大学の渡辺秀一《わたなべひでかず》を入団させている。一九九四年には大学進学が内定していた城島健司《じょうじまけんじ》を強行指名し、翌年には斉藤和巳《さいとうかずみ》と後の主力になる二人の高校生をともに一位で獲得した。

また、一九九三年オフには佐々木誠《ささきまこと》、村田勝喜《むらたかつよし》、橋本武広《はしもとたけひろ》を西武に放出し、秋山幸二、渡《わた》辺智男《なべとみお》、内山智之《うちやまともゆき》を迎える「世紀のトレード」を実現させた。

次々と打った補強策が身を結び、ダイエーは監督就任五年目の王貞治の下で一九九九年に球団初優勝を飾ると、翌年には日本シリーズに進出して長嶋茂雄率いる巨人と「ON《オーエヌ》対決」を戦った。以降も順調に強化を進め、ソフトバンクが球団経営を引き継いだ二〇〇五年以降は他を寄せつけない強さを身につけている。

FAやドラフトで巨人に自由にさせないという坂井の並々ならぬ対抗心が、今日までの球界の勢力図に大きな影響を及ぼしたことは間違いない。その裏にあったのは個人的な心情だけでなく、パ・リーグ畑を歩んできた男の矜持だった。

「セ・パの対立もあるから、プロ野球全体の繁栄はもちろん考えるよ。つまり、セが伸びるのを俺が妨害すれば、やがて両リーグは拮抗していくということだ。例えば『Gが誰々を狙っている』と聞いたら、それをどこか地味な球団のスカウトに囁いてやる。その辺、俺は古狸だから自由自在よ。西武の人間でも、俺のことを何も知らんヤツがいっぱいいた。そいつらにはそういう話をしないから、ただのフロントの部長だと思っている。俺は後に代表をやったけど、球団運営については何でもやるんだからな。予算の管理までやっていたんだよ」

昔も今も、グラウンドの勝負にはカネの力が大きく左右している。力のある選手を一人でも多く獲得できれば、それだけチーム力は高まりやすい。限りある予算をどの部門に投下するのか。チームの戦力を整える各球団フロントの争いは、プロ野球の醍醐味の一つだ。

八〇年前から続くプロ野球の歴史は巨人を中心に回り、同時に巨人に対抗心を燃やした男たちが彩りを加えてきた。野村克也や星野仙一《ほしのせんいち》（元中日）、平松政次《ひらまつまさじ》（元大洋）のようにグラウンドでプレーする選手ばかりでない。パ・リーグのフロントから打倒巨人に心血を注いだ、坂井のような男もその主役だった。

そうした坂井の意思が、巨人が望んだＦＡ制度を実現に向かわせたことは、歴史の帰結として不思議な因縁を感じさせられる。

不本意な決着へ――西武・堤義明の変心

ＦＡ制度が実現に向けて加速しはじめたのは、一九九二年一二月、ＦＡ問題等研究専門委員会が一軍選手を対象としたＦＡ制度の導入を宣言したことがきっかけだった。

するとパ・リーグは翌年一月、「ＦＡ選手を獲得した球団は（一）その選手の実力に応じてドラフトの上位指名権を相手球団に譲渡する（二）年俸と同じ額を相手球団に払う」などの案を示し、ＦＡ制度は導入へ向けて具体化していく。

財政基盤の弱さなどから当初は同制度に反対していたパ・リーグだが、なぜ賛成に変わったのか。その裏であった動きについて、一九九三年一月一八日付の朝日新聞の記事「プロ野球ＦＡ制導入大詰め　及び腰『パ』も具体案（時時刻刻）」は、読売新聞社社長の渡邉恒雄の「力」を挙げている。その裏付けとして、ＮＰＢ関係者の以下の談話を紹介した。

「実は最近、渡辺社長が西武とダイエーのオーナーに会った。ＦＡ制が導入されなかったら、新リーグを結成する。その場合は一緒にリーグを脱退してくれ、という話をしたというんだ」

同記事の中で、西武の球団代表を務める清水はこう答えている。

「当初は（ＦＡ制に）反対の立場だったが、巨人の強い姿勢なども考えると、この流れはやむを得ない」

さらに朝日新聞はFA制度の導入が決定された後の一九九三年一〇月二二日付の記事「FA導入とドラフト改革、野球ファンは喜べるか　人気球団の思惑先行」で、見出しに掲げた二つの制度の背景についてこう書いている。

「この大改革の背景を見ると、プロ野球経営者側がサッカーJリーグを『黒船の襲来』と意識し、青少年の野球離れで競技人口が減少するなど危機感を募らせたのも事実。選手会の『長期スト辞さず』の圧力もあった。

だが、真の理由は、巨人、西武の揺さぶりが発火点となり、その他の球団が〝二強〟の意向をくんで妥協した結果といえる。

巨人の親会社、読売新聞の渡辺恒雄社長は、非公式の場で『FA制が実施されなければ、機構から脱退する』『新リーグを結成する』と繰り返し発言した。一方、西武の堤義明オーナーが三月に『FA制導入反対』を唱えた。しかし開幕直前に、巨人、西武が共に『FA制よりも、ドラフトの廃止を』と主張しはじめた。

巨人、西武のごり押しの姿勢には、FA制、新ドラフトで選手獲得が自由になると人気、資金力で勝負できる、とする傲慢《ごうまん》さが見て取れる。その先には、経営に行き詰まった球団の自然淘汰《とうた》を見込んだ『リーグ再編成』まで視野にあるようだ」（以上、原文ママ）

同記事にあるように、一九九三年三月、ＦＡ制度に賛成していた西武の堤は突然「反対」に立場を変えた。この心変わりこそ、ＦＡ制度が検討不十分のまま導入された事情にあると日本ハムの小嶋は語る。

「読売が最初にドラフトの改正で風穴を開けて、『(一リーグ制をチラつかせてＦＡ制の導入を)やってこい』と脅しをかけておいて、セ・リーグ側を黙らせた。パ・リーグでも、ある程度『しょうがないな』という空気をつくっておいて、それで(ＦＡ制度の導入案を)ポンと出した。それをやられると大変だというので、堤さんが三月くらいに『ＦＡ制、反対』と声を出したものだから、まだ制度や対応策の中身がすべて決まる前に、実施がバーンと決まった。大まかな形だけつくったけれど、どう対応するかはまだ検討途中だった。そのうちに(代表者会議に)答申しちゃった。それが事実です」

一九九三年開幕前には、同年オフからＦＡ制度を実施することが既定事項とされていた。そんななか、西武の堤が突如反対に回った理由について、「自分たちの主力選手がＦＡになって獲られちゃうから」と小嶋は説明した。

「堤さんの反対でみんな、慌てたと思う。このままでは揉め出すということで一九九三年五月、(ＦＡ問題等研究専門委員会の委員長の)中川さんが突如として『ＦＡ制度導入』を発表した。パ・リーグ側のメンバーは最終合意に至っていなかったのに、強引に宣言した」

同月一四日、中川は「(一)資格獲得条件を最低一〇年で出場登録通算一五〇〇日(二)権利行使は資格獲得年から二年以内に一度だけ(三)一月三一日までに契約がまとまらなかったFA選手を『制限選手』とし、その年の契約を認めない」などをFA制度の骨子としてまとめ、野球機構実行委員会で議長を務める原野和夫(パ・リーグ会長)に答申書を手渡した。

NPBの最高決定機関であるオーナー会議は、一九九二年七月に「委員会の答申は最大限尊重する」と議決しており、中川は一定以上の権限を与えられていた。パ・リーグの合意がまだ得られていない一方、コミッショナーもFA制導入を支持していたと小嶋は語る。

外部委員の一人としてFA問題等研究専門委員会に参加した慶應大教授の池井は、中川についてこんな印象を振り返る。

「中川委員長はかなり個性的な人でした。当時の東京12チャンネル(現テレビ東京)という三流と言われたテレビ会社を一流に育てて、民放連(日本民間放送連盟)の会長までやった人。相当強引なところもあったし、『拙速でもいいから行こうよ』という性格の方でしたね」

率直な疑問として浮かぶのは、なぜ、中川がFA問題等研究専門委員会の委員長を任されたのかということだ。小嶋の目にはこう映っていた。

「おそらくナベツネ(渡邉恒雄)さんと吉國(一郎)コミッショナーが話し合ったんじゃないですか。川島(廣守=当時セ・リーグ会長)さんあたりが間に入って。突如として中川さんの名前が出てきたから。それに対して誰も異議を唱えられない。（コミッショナーから）名前を出されて、諮問委員会（＝FA問題等研究専門委員会）を招集しますと」

諮問委員会のメンバーである小嶋にさえ、明確な説明はされていなかった。NPBという特異な組織のあり方が、委員長の人選にも影響したと見られる。同委員会の発足当初からFA制の導入ありきだった中川は、パ・リーグが最終合意に至っていないなか、強引に骨子案を提出して事実上の決定を下す。すると同年シーズンオフの導入をめざし、NPBと選手会は細かい条件面について詰めの交渉を始めた。

「資格条件を含め、八割ぐらいは飲めないという点で全員の意見が一致した」（原文ママ）

七月二〇日のプロ野球選手会定期大会後の会見で会長の岡田はそう話したが（翌日付の朝日新聞記事「FA制度の資格条件修正で協議へ　プロ野球選手会大会で方針」より）、八月二六日におこなわれたNPBとの交渉では、「大学、社会人出身者の資格取得年限を一〇年から七年に引き下げること」を取り下げた。その代わり、「FA資格獲得選手の権利行使を一回に制限しないこと」と、「FA宣言しなかった選手は翌年にも宣言できること」について実現への道筋をつけた。

そして九月二一日、NPBと選手会はすべての条件に合意し、一九九三年オフからFA制度が導入されることに決まった。

現実化したナベツネへの忠告

渋谷のホテルのラウンジで小嶋の話を聞きはじめてから、すでに二時間近くが経過しようとしていた。交渉の裏側を聞くなかで、小嶋が何度もぼやいたセリフがある。

「日本のプロ野球界が発展しつづけるために、どういう体制をつくっていくのか。その整備が完全に終わる前に、バーンとFA導入の発表をやられちゃった」

小嶋の言葉に耳を傾けていると、当時の後悔が、四半世紀経った今も胸の内に残っているように感じられる。

「（FA問題等研究専門委員会の）委員たちが選手会の人たちに会って話し合うことはしなかった。そうしても悪いことではないのに、検討がまだ十分に煮詰まらないうちに中川さんが委員会を終わらせてしまった。FA問題等研究専門委員会のメンバーとすれば、反省ではないけれど、中途半端で終わらせたなというのは依然として感じている」

外部委員の池井も、同様の心情を明かしていた。

検討不十分なままFA制度が導入された悪影響は、主導した巨人にも及んだ。同制度が導入された後、読売新聞社社長の渡邉と小嶋が会った際のことを前述したが（70ページ参照）、この会話には続きがある。近い未来に起こるであろう出来事について、小嶋は直接伝えたというのだ。

「渡邉さんにお会いしたとき、『FA制度を導入すれば、読売さんといえども、主力選手をメジャーに獲られますよ』という忠告をしました。当時、誰もそんな話は渡邉さんにしていなかった。その後の話になるけれども、結果、松井《まつい》（秀喜《ひでき》）をヤンキースに獲られちゃったわけですよね。優勝したチームが松井を抜かれた上に、三年後には五位になった。さらに上原（浩治）を抜かれるなんて、ジャイアンツは考えてもいなかった。僕が言っていたのは、そういう事態が起こっても大丈夫だという対応を事前にした上で、FA制度をやるべきだという考えだった」

FA制度が導入されれば、MLB球団が日本人選手を狙いにくるはずだと小嶋は睨んでいた。一九九四年時点の平均年俸は一億三八〇〇万円のMLBに対し、NPBは二三五五万円と割安だったからだ。

「FAとポスティングを両方そろえた上で、制度を導入しましょう」

しかし小嶋の主張は届かず、FA制度だけが先に走り出した。

日本球界を揺るがす出来事が起こったのは、FA制導入から一年後の一九九四年オフだった。一九九五年二月、野茂英雄《のもひでお》が日本プロフェッショナル野球協約のスキを衝き、近鉄で任意引退選手となってロサンゼルス・ドジャースに移籍する。NPBのルールでは、任意引退選手は前所属球団の許可なく国内の他球団に移籍できないことになっている。しかし、MLBのそれでは「FAになった選手」という位置づけで、野茂はアメリカのどの球団とも自由に契約することができた。

野茂のドジャース入団と、一九九七年に伊良部秀輝《いらぶひでき》がロッテからサンディエゴ・パドレスへのトレードを経て希望するヤンキース入団をかなえたことがきっかけとなり、翌年、**「日米間選手契約に関する協定」が結ばれてポスティングシステムが成立した。**この入札制度が誕生したことにより、選手はFA権を取得するより短い年数でMLB球団に移籍する道筋がついたと同時に、NPB球団は選手を獲得したMLB球団から入札金という「対価」を受け取るメリットを得られた。そうして日本人で最初にポスティングシステムにかけられたのが、二〇〇〇年オフ、オリックスからシアトル・マリナーズに移籍したイチローだった。

以降、松坂大輔《まつざかだいすけ》（西武→ボストン・レッドソックス）やダルビッシュ（日本ハム→テキサス・レンジャーズ）ら数々の選手がポスティングシステムで海の向こうに渡ったなか、ソフトバンクのように現在でも同制度による移籍を認めないチームもある。巨人に在籍していた松井は二〇〇二年オフ、上原は二〇〇八年オフ、ともに海外FA権を取得してからMLBへの道を求めた。

外れた思惑、広がる球団格差

前述したように、FA制度の導入以降、NPBでは選手たちの平均年俸が上昇の一途をたどった。一九九三年の一九六三万円から翌年は二三五五万円となり、一九九五年には二七〇〇万円、一九九八年には三〇六〇万円まで上がっている（日本プロ野球選手会の公式HPより）。

しかし、年俸上昇の理由は単にFA制度を導入した結果というだけではなかったと小嶋が明かす。

「当時のセ・リーグとパ・リーグを比べて何が大きくちがうかと言うと、基本的にはテレビ放映権料の一三億円。セ・リーグにはまだ年俸を上げる余裕が残されていた。対してパ・リーグは親会社の規模が大きいので、話し合って、体力競争をして一三億円分（の年俸）をどんどん上げちゃおうと。そうすると（親会社の規模で劣る）セ・リーグがいずれギブアップするだろうから」

FA制が導入された一九九三年当時、パ・リーグ各球団の親会社は西武鉄道、日本ハム、ロッテ、近畿日本鉄道、オリックス、ダイエーだった。対してセ・リーグは、読売新聞社、ヤクルト、中日新聞社、阪神電気鉄道、そして大洋を所有する水産会社のマルハと、広島球団のオーナーである松田家だ。

親会社の体力勝負になれば、太刀打ちできない球団がセ・リーグにはある。そうなれば球界全体のあり方を見つめ直す必要に迫られ、パ・リーグが提案していた年間試合数増、交流戦の実施、NPBによるテレビ放映権料の一括販売などに賛同する球団が出てくるかもしれない――。


しかし、小嶋やパ・リーグの見立てどおりにはならなかった。

「セ・リーグは（交流戦の実施を認めないなど）わがまま放題で、年俸の高騰によってパ・リーグは経営が苦しくなった。一方、FA制を導入した後、セ・リーグの各球団も経営的に苦しんだ。本当は一二球団でそういう可能性まで考えて、全部が対応できる目処をしっかり立ててからFA制を導入すべきだった」

一九九六年から二年間はセ・パの平均年俸がほぼ同額だったものの、一九九八年にはセ・リーグが三一〇一万円で、パ・リーグの三〇一七万円を上回った。二〇〇四年になるとセ・リーグは四二八九万円に対し、パ・リーグは三三二二万円と大きな差がついた。

セ・リーグの年俸を引き上げたのは、FAで次々と補強した巨人だ。一九九三年の二三九一万円から翌年は三二〇〇万円、一九九五年には四一四六万円と上昇する。球界再編騒動の起こった二〇〇四年には六三九四万円まで上がり、二七一八万円の広島、三二七二万円のヤクルトとは大きな格差が生まれている。

対してパ・リーグでは、球界随一の資金力を誇るソフトバンクの年俸が群を抜く。前身のダイエー時代の二〇〇四年にリーグで初めて四〇〇〇万円を超えると（四一九一万円）、二〇〇八年には五四五〇万円、二〇一六年には前年から一〇〇〇万円以上アップして六九六〇万円になった。二〇一八年には七八二六万円まで上がり、一二球団最低の日本ハムの二三八一万円に三倍以上の差をつけた。ソフトバンクはＦＡや外国人の補強を精力的におこなう一方、三軍制を敷くなど育成面でも成果を発揮し、他を寄せ付けない選手層を誇っている。

ＭＬＢのように収益を分配する仕組みがＮＰＢにはないなか、〝持てる者と持たざる者〟の差は成績としても顕著に表れていく。二〇〇〇年代に巨人が五度の優勝を飾ったのに対し、広島は一〇年連続でＢクラスに沈んだ。一九九九年オフに江藤智《えとうあきら》（→巨人）、二〇〇二年オフに金本知憲《かねもともあき》、二〇〇七年オフに新井貴浩《あらいたかひろ》（ともに→阪神）、二〇〇八年オフに高橋建《たかはしけん》（→トロント・ブルージェイズ傘下）がＦＡ宣言で退団した広島が、育成サイクルを整えて復活するのは二〇一〇年代後半のことだ。

「野球界はまだまだ遅れている」

ＮＰＢにＦＡ制度が導入された一九九三年は、日本にさまざまな〝変化〟が起こった年だった。

一月には今上天皇である皇太子徳人親王《なるひとしんのう》と小和田雅子《おわだまさこ》さまの婚姻が決定。また、大相撲の曙《あけぼの》が外国人で初めて横綱に昇進した。

五月にはＪリーグが開幕。八月には非自民・非共産連立政権の細川護熙《ほそかわもりひろ》内閣が発足し、自民党が与党第一党、社会党が野党第一党の「五五年体制」が崩壊した。

そして九月、プロ野球ではＦＡ制度が誕生している。

世の中で起こった変化の波は、プロ野球にも影響を与えた。とりわけ大きな刺激となったのが、日本初のプロサッカーリーグとして誕生したＪリーグだ。ヴェルディ川崎対横浜マリノスの開幕戦がテレビ視聴率三二・四％（ビデオリサーチ調べ、関東地区）を記録するなど、世間の大きな関心を集めている。Ｊリーグがプロ野球を〝悪い見本〟として設計されたのは、よく知られる話だ。

「危機感はありましたよ」

当事者としてJリーグのインパクトに直面していた小嶋が、率直な胸の内を明かす。

「だって、野球界には旧態依然としたものがあって、相変わらずセ・リーグだ、パ・リーグだとやっていたから（苦笑）。相手のことは考えず、自分だけ良ければいいと。Jリーグはそういうところを研究してつくり上げたわけでしょ？　収入構造にしてもそう。Jリーグは野球界を反面教師として、野球界の悪いところを全部改正して導入している」

Jリーグは「百年構想」を掲げ、地域におけるサッカーを核としたスポーツ文化の確立をめざした。クラブ数はリーグ誕生当時の一〇から、二〇二〇年時点ではJ1からJ3まで計五六に膨れ上がり、Jリーグ加盟をめざす地域クラブも数多く生まれている。

収益構造のちがいとしては、放映権が挙げられる。NPBでは各球団が個別契約するのに対し、Jリーグではリーグが一括契約して各クラブに分配される。そうしたJリーグ型の強みが発揮されたのは、前述したように、二〇一七年からDAZNと一〇年で二一〇〇億円という巨大契約を結んだときのことだ。十分な資金を手にした各クラブはアンドレス・イニエスタ（ヴィッセル神戸）やフェルナンド・トーレス（元サガン鳥栖）など大物外国人選手を補強し、チームを強化すると同時に、多くのファンを呼び込むという投資サイクルを回しはじめた。

また、リーグとクラブが協力し、東南アジアなど世界にマーケットを広げる戦略も打っている。

ひるがえってNPBのあり方は、今日まで変わらないままだ。二〇〇四年に勃発した球界再編騒動では近鉄とオリックスが合併された一方、さらにもう二球団をくっつけ、一〇球団による一リーグ制への移行が画策された。選手会による史上初のストライキ、そしてファンが大反対の声を挙げたことで未遂に終わったものの、NPB球団の「自分だけ良ければいい」という姿勢が改めて浮き彫りになった。

経営的には巨人戦のテレビ放映権料頼みから脱却した。各球団はスタジアムビジネスに力を入れ、観客動員数は実数発表を始めた二〇〇五年から右肩上がりで伸びている。選手の年俸アップを支えるのは、好調なビジネス面によるところが大きい。

しかし、そこに突如として立ちはだかったのが、二〇二〇年の新型コロナウイルスの感染拡大だ。同年シーズンが一二〇試合制と短縮されたなか、六月の開幕からしばらく無観客試合を強いられ、七月一〇日以降も上限五〇〇〇人の入場制限が設けられ、大きな収入源を断たれた。近年のプロ野球人気は好調な観客動員に支えられていただけに、どうやって乗り越えるかが試されている。

さらに、二〇二〇年のセ・リーグはリーグ戦のみで決着がつけられるのに対し、パ・リーグだけCSを実施し、日本シリーズ出場チームを決める過程は両リーグで異なるものとなった。コミッショナーがリーダーシップを発揮することなく、球界全体の整合性や最適解をとれないNPBの体質は、昔も今も変わらないままである。

加えて言えば、一六球団へのエクスパンションがファンの注目を集めるものの、NPBの実行委員会やオーナー会議で検討されている気配はない。

「野球界はまだまだ遅れている」

三〇年前、苦しい経営を強いられる日本ハムやパ・リーグに未来への種を蒔いた小嶋は、旧態依然としたままの球界に変化を求めている。

「極端な話をすると、ようやく今、みんながフランチャイズを充実させようとなってきました。以前は、日本全体が読売さんのフランチャイズという考え方があった。その考え方があるうちは、日本の野球界は発展しない。だけども今、読売さんは『東京がフランチャイズ』だと東京を中心に力を入れてやり出した。これによって、やっぱり野球界も充実していく。他のところも努力することによって、球界全体が発展してという形に少しずつなってきた。プロ野球全体のファンが少なくなっているなか、各球団がフランチャイズのなかで自分たちのファンを増やしていく体制をつくっていくことができるか。今後のプロ野球はそこにかかっている」

二〇〇〇年代半ばまで巨人戦が毎晩のように地上波で中継されていた頃、その電波は日本全国に届けられ、プロ野球は巨人を中心に回っていた。現在は地方にいくつかの球団が移転し、地元のフランチャイズで声援を送るファンが増えている。

ただしプロ野球全体の観客動員数が右肩上がりなのは、球場に何度も足を運ぶファンのコア化によるところが大きい。むしろユニークユーザーの数は減少しているという調査もある。ファンの高齢化も顕著だ。とりわけ子ども世代では競技人口減少が進むなど、野球離れが著しい。

NPB全体で有効策を打てなければ、そう遠くない将来、深刻な影響となって表れるのは間違いない。

変わらないNPBと選手たちの意識

小嶋に話を聞いて改めてわかったのは、プロ野球の長らく変わらない構造だった。多少の変化はあれど、NPBの根本的な体質は昔のままである。一九九三年に導入されたFA制度が、当時から現在までほとんど活用されていないという事実は、球界の体質と決して無関係ではない。

そんな球界で改革に尽力してきた小嶋に、最後に訊きたいことがあった。

なぜ、当時の選手会はFA制度の導入にあたり、圧倒的に不利な条件を呑んだのか。とにかくFAという自由に移籍できる権利を欲し、細かい条件はさほど気にしなかったのだろうか。

「そのとおりですね。選手会は移籍の権利を欲し、それがかなった。取得までに一〇年という期間を一応呑んだ。『短縮してくれ』という要望は当時からありました。だけれども、球団としては出発点として権利を与えた」

以降、FA権の取得期間は高卒が八年、大卒と社会人は七年まで短縮され、一シーズンの一軍出場登録日数は一四五日と短くなったものの、「使いにくい」という制度の根本は変わらないままだ。もし選手たちが変化を望むなら、自らもっと声を挙げるべきではないのか。

そう訊くと、小嶋が答えたのはもっと根本的な問題だった。

「選手会が理解しないといけないのは、選手への給料がどういう流れで来ているのかということです。選手たちは技術と能力を最大限に発揮し、それに対して観客がお金を払ってくれる。テレビを見て、プロ野球の価値を高めている人たちが払ってくれる。その人たちへのサービスは球団がやるのではなく、選手たちがやる。ファイターズではそういう教育をしてきました。

そういう観点を持てば、自分の価値がどれくらいあるのか、自分でわかるようになる。どの球団の選手がいくらもらっているかではなく、ファンとの関係のなかで自分にどれだけ価値があるか、自分で判断できるようにならないといけない。そのためにはファームから入ってくる収入がいくらあるかを選手会もしっかり頭に置いておくべきなんです。その上で、自分たちに相当分があっても然るべきという主張をしたっていいわけですよ」

昔から変わっていないのは、ＮＰＢの体質ばかりではない——。

小嶋へのインタビューを終えて一人になった直後、真っ先に思い出された場面がある。

二〇一七年秋、二四歳以下のプロ野球選手を中心に選ばれた侍ジャパン（日本代表）が宮崎県のＳＯＫＫＥＮスタジアムで合宿中、あまりにもショッキングな光景を目にした。練習を終えた後、球場の入り口のすぐ外にある導線の向こうで一〇〇人以上のファンがサインを求めて待つなか、見て見ぬ振りで背を向けて歩いていく者や、ダッシュで逆サイドに走って逃げる選手が少なからずいたのだ（日本ハムとソフトバンクの選手は全員、快くファンサービスに応じていた）。

翌年秋に開催された日米野球では、来日したメジャーリーガーたちが球場で時間を見つけてサインや写真撮影を求めるファンに笑顔で応じていたのに対し、侍ジャパンで同じように振る舞っていたのは山崎《やまさき》康晃《やすあき》（ＤｅＮＡ）のみだった。

日本のプロ野球選手たちはグラウンドでの活躍に心血を注ぐ一方、そもそも自身の価値は社会のなかでどうやってつくり出されているのか、無意識であるように感じる。球団に対して自分たちの権利を主張し切れず、逆に要求を呑まされた結果、FA制度は昔も今も「使いにくい」ままだ。いつまでも変わらない現実は、選手たちの姿勢と決して無関係ではない。

ジャケットを羽織った小嶋に取材のお礼を言って別れると、私は一人でホテルのラウンジの席に戻った。飲み干したアイスコーヒーは氷がすっかり溶け、ただの水になっている。

長いインタビューの緊張感から解き放たれると、人々が思い思いの時間をすごすラウンジに自分だけが溶け込めないまま、異世界を浮遊しているような気分だった。

第3章　選手会主導で「現役ドラフト」を制度化すべし

一番いい状態のときに移籍できない

黄金色の街路樹が日本列島を彩る一〇月は、ドラフト会議やCS、日本シリーズが開催され、野球シーズンがクライマックスを迎えるタイミングだ。

日本プロ野球選手会で顧問弁護士を務める松本泰介にはこの時期、毎年欠かさずおこなっていることがある。

「今年はどうするんですか？」

フリーエージェントの資格を持っている約九〇人の選手たちに一人ひとり電話をかけ、シーズンオフの去就について尋ねるのだ。有資格者はFA宣言するか否か、日本シリーズ終了の翌日から土・日・祝日を除く七日間以内に決断し、行使する場合はNPBのコミッショナー宛に文書で届け出なければならない。

「選手たちは球団からいろいろなオファーをもらうなかで、お金というより、自分が球団に残ってプレーするか、そうではないか、働き場として自分にとって何がいいのかを考えています。年齢が三〇歳を超えていたりすると、選手は当然自分のパフォーマンスがピークをすぎているとわかっているので、『球団からこういう話（＝引退したらコーチに就任する約束など）をもらえているので、自分の年齢だったらもう（FA宣言して移籍するのは）いいです』となることもあります。皆さん、ものすごくいろいろ感じながらお話をされていますね」

二〇一九年シーズン開幕を二週間後に控える三月中旬、私は日本プロ野球選手会の事務局を訪ねた。FAの権利を「宣言」するという日本球界独自のルールはどのようにしてできたのか。その背景は議事録を読めばヒントを得られるのではと取材の出発点に考えていたが、交渉の記録が残されていないのは第1章で述べたとおりだ。

選手会の事務局は東京都中央区の人形町駅から徒歩五分強の下町にある。私がここを訪れるのは一五年前、ライター業を初めてまだ駆け出しのとき以来だった。四〇年以上前に建てられた地上六階建ての建物は、一フロアが二一・八坪とこじんまりとしていて、ずいぶん年季を感じさせられる。

応接間のソファに座りながら事務局の面々を待っているあいだ、思わず頭に浮かべたのがNPBの事務所とのコントラストだった。東京都港区の都営地下鉄三田駅から徒歩数分という一等地に二〇一二年に竣工された、三三階建てのゴージャスなビルの一フロアにNPBは居を構えている。同じプロ野球の組織で、ともに一般社団法人といえども、リーグを運営する者たちと、労働組合に端を発する組織では、極端に異なる職場環境と言っていいだろう。

選手会事務局で対応してくれたのは事務局長の森忠仁と、広報の山崎祥之《やまざきよしゆき》、顧問弁護士の松本の三人だった。

「日本のプロ野球には移籍制度が少ないなか、ＦＡは唯一選手が自分の意思で動ける制度です。でも、いかんせんＦＡをとれるまでの年数が長くて、選手が一番いい状態のときに移籍できるわけではないという年齢的な問題がある。諸々の補償制度も問題としてありますね」

　森がこう指摘するように、プロ野球のＦＡ制度は一九九三年の導入当時から現在まで、さまざまな課題を抱えたまま運用されている。そのなかで誰の目にもわかりやすいのが、**人的補償**という日本球界独特の制度だ。

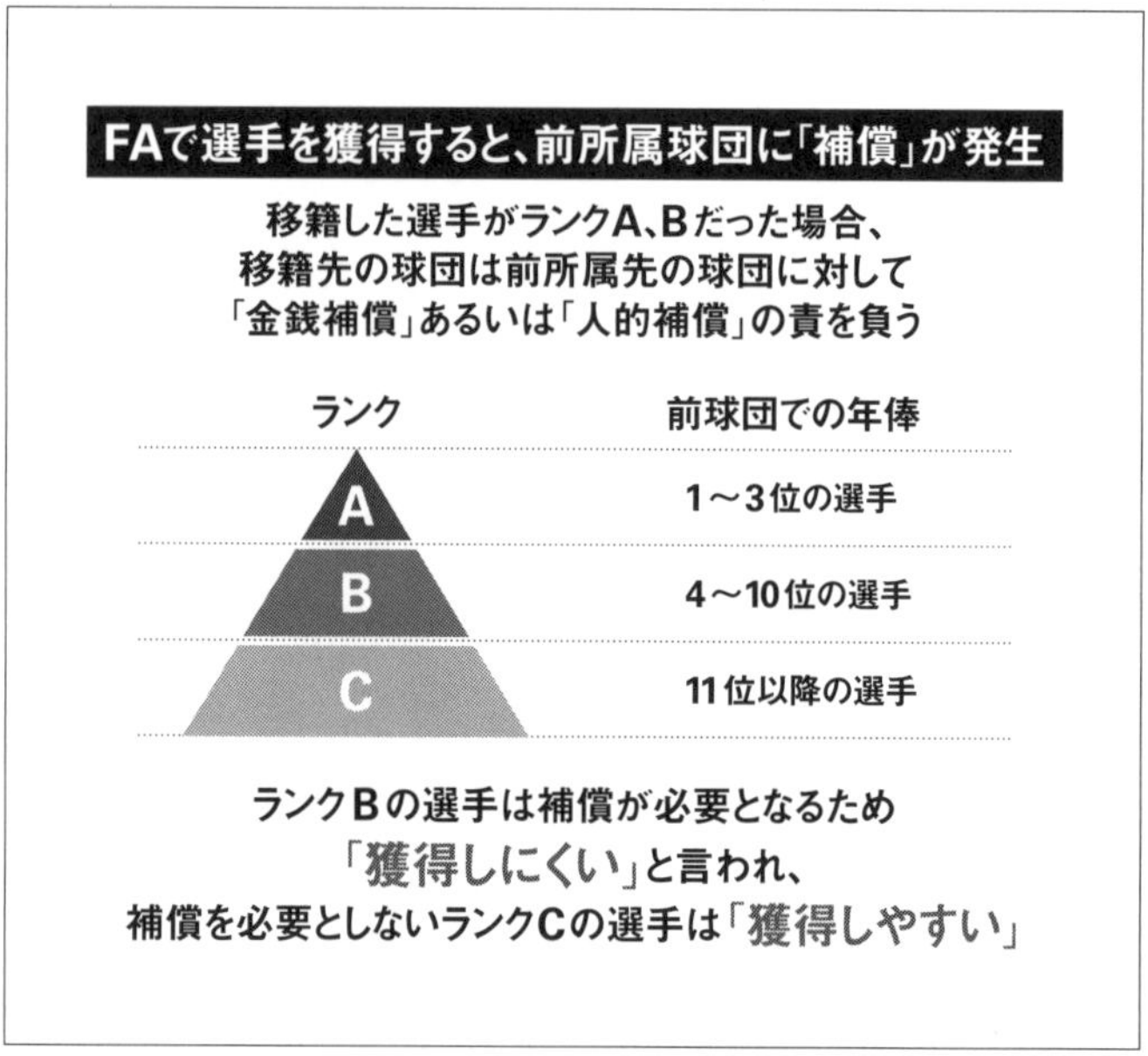

FAで選手を獲得すると、前所属球団に「補償」が発生
移籍した選手がランクA、Bだった場合、
移籍先の球団は前所属先の球団に対して
「金銭補償」あるいは「人的補償」の責を負う
ランク
前球団での年俸
A
1〜3位の選手
B
4〜10位の選手
C
11位以降の選手
ランクBの選手は補償が必要となるため
「獲得しにくい」と言われ、
補償を必要としないランクCの選手は「獲得しやすい」

二〇一八年オフに丸佳浩を広島、炭谷銀仁朗を西武からともにFAで獲得した巨人は、二人の代わりとして長野《ちょうの》久義《ひさよし》、内海哲也を相手球団に譲り渡した。チームの屋台骨として長らく支えてきた両ベテランの流出が、ファンやメディアを騒然とさせたのは記憶に新しい。FA権を行使して自身の手で新天地を選択できる選手がいる反面、人的補償という制度のせいで、自らの意思なく所属先を強制変更される選手がいるのだ。二〇二〇年シーズン開幕前には、巨人の監督を務める原辰徳、楽天のGMである石井一久がいずれも人的補償に異議を唱えている。

「自動FAがいい」とは言えない理由

先のコメントにも具体的な言及があったように、事務局長の森が現状のFA制度について特に問題意識を持っているのが、取得年数の長さだ。高卒は八年、大卒・社会人は七年（海外FA権はともに九年）とされているが、一軍登録日数一四五日を満たして一年とカウントされるため、あくまで最短のケースとなる。さらに言えば、一シーズンのなかで一四五日を超える部分は日数として数えられず、カットされる。

三月末から一〇月前半の約一九〇～二〇〇日の間に一四三試合がおこなわれ、割合としてはその間の四分の三程度を一軍ですごせば「一シーズン」としてカウントされる計算だ。現実として、高卒一年目からフルの登録日数を満たせる選手は限りなく少ない。先発投手の場合、登板翌日に二軍に落とす「投げ抹消」という起用法も存在する。登録抹消されると最低一〇日間は再昇格できないため、これを利用すれば、球団は最短でＦＡ権を取得させないことも可能だ。

高校を卒業後、大学、社会人を経て入団した者の場合、ＦＡ権を取得できるのは早くて三〇歳前後になる。一般的にプロ野球選手のピークは二七〜二八歳とされており、新天地で全盛期のような活躍をするのはハードルが高い。

以上のように考えると、森が指摘するように取得年数は長すぎると言える。

一方、ＭＬＢのように取得年数を満たせば自動的にＦＡになるわけではなく、ＮＰＢ独自の「宣言」を強いられる制度に関して、森は自身の見解をこう述べた。

「ＦＡの資格を持っている選手全体のことを考えると、自動的にＦＡにするのはどうなのかという面もあります。取得年数を満たせば一律フリーにして、全員がＦＡになると、今、メジャーで起きているのと同じようなことが起こる可能性も考えられます。メジャーではＦＡになって契約できない選手が出てきていますよね。

日本で制度がスタートする時点では、もしかしたら宣言がなしで、一律でＦＡになったほうが良かったかもしれません。でも今の時点で考えると、ＦＡの資格を持っていて、権利を使っていない選手も一律に自由市場に出てしまったほうがいいのか、どうなのか。確かに宣言しないと他の球団の話を聞けないとか、一般の社会では考えられない問題はあります。けれども、宣言をなくすのがいいのかどうかは、いろいろ議論が必要だと思います」

昨今、年俸高騰が進むＭＬＢでは、森が言うようにＦＡになった選手が所属先を見つけられないケースが頻繁に起こっている。二〇一八年オフには、最多セーブ投手を四度獲得したクレイグ・キンブレルがボストン・レッドソックスから、そして二〇一五年にサイ・ヤング賞投手に輝いたダラス・カイケルがヒューストン・アストロズからＦＡとなったものの、二〇一九年シーズン開幕までに移籍先を決めることができなかった。もっとも、その裏には高年俸を求める選手本人や代理人の思惑と、六月にアマチュア選手を対象として実施されるドラフトの後に契約すればドラフト指名権を失わずに済むという球団側の事情もある。六月の同会議が終了後、キンブレルはカブス、カイケルはブレーブスと契約を結んだ（カイケルは二〇二〇年ホワイトソックスに移籍）。

ただし、年俸がかさむベテランより、リーズナブルな若手や中堅選手を中心としてメンバーを構成するタンパベイ・レイズのようなチームも出てきたのも事実だ。二〇一九年シーズンオフにはキューバ出身で〝暴れ馬〟の異名を持つ大型打者ヤシエル・プイグがクリーブランド・インディアンスから、二〇一六年本塁打王のマーク・トランボがボルティモア・オリオールズからFAになり、所属先が決まらないまま二〇二〇年七月の開幕を迎えた（プイグは七月にブレーブスと契約したが、数日後、新型コロナウイルスに感染して契約は白紙に）。

NPBでも取得年数を満たせば自動的にFAになるようにした場合、MLBと同様のケースが起こる可能性は十分に考えられる。

保留制度は独禁法に抵触しないのか

Jリーグや日本バスケットボール協会など数多くのスポーツ団体で活動し、「スポーツ法」の専門家である松本は、プロ野球の独特なあり方を踏まえた上で、弁護士の立場から宣言制度について以下の見解を示した。

「法的に言えば、（選手の契約は）フリーエージェントが大前提です。保留制度が例外。中島さんもライターのお仕事でいろんな契約をされていると思うけど、『契約が終わったら拘束なし』が大原則ですから。でも、野球界は産業構造上、クローズドリーグで、保留制度を導入する形でやってきたという歴史的経緯があります。我々弁護士とすればフリーエージェントが当たり前ですが、あとは細かい制度を含めて、どこまで例外をつくっていけばいいのかを考えていく。

もちろん契約が終わったら全員フリー（＝自動ＦＡ）で、次の契約先は自分で探すものでしょうという考え方もある。でも一方で、日本の野球界には最初にフリーエージェント制度が導入されたときから宣言制度があるわけです」

松本の説明を補足すると、個人事業主である選手の契約は原則的にフリーエージェント（Ｊリーグのように選手が希望するクラブと契約できるという意味）であるべきだが、ＮＰＢはクローズドリーグでおこなわれているという事情がある。各球団の戦力均衡が考慮されなければならない。それが例外＝保留制度を現状では受け入れざるを得ない背景としてある。

ＮＰＢでＦＡ制度が導入されたのは一九九三年で、すでに四半世紀が経過した。ＦＡ権を取得して他球団へ移籍したい選手は権利の行使を「宣言」することが、当人たちやファンにとって当たり前の仕組みとして定着している。そうした現実が存在することをある程度割り切って受け入れつつ、選手たちの権利を拡大するために何ができるかを考えていくことが必要になる。

一方で言えるのは、どんな制度や悪法でも施行されてから一定の時間が経てば、「普通」のこととして人々の頭に刷り込まれてしまうということだ。だからこそ、導入前には慎重な検討がなされなければならない。残念ながら、ＮＰＢでは検討不十分なままＦＡ制が導入されたのは、第2章で述べたとおりだ。

ちなみに松本が「法的に言えば、（選手の契約は）フリーエージェントが大前提です。保留制度が例外」と指摘する裏には、独占禁止法がある。資本主義の日本にはこうした法律が存在するにもかかわらず、なぜ、NPBでは保留制度が認められているのだろうか。

専門家から論理的な説明を聞きたいと考えた私は、二〇一九年夏、霞が関の公正取引委員会を訪れた。球団のみが一方的に契約を延長できる保留制度が認められる理由について、経済取引局経済調査室長の笠原慎吾《かさはらしんご》はこう説明した。

「確かに契約が終わったにもかかわらず、選手は契約的に縛られている状態だと思います。でも球団は契約が終わるときにいきなりそういうルールを出してきたわけではなく、統一契約書のなかにそういうオプションの行使ができると書かれた上で、選手たちは合意してサインしています。それをどう見るかという話はあるかと思いますが、契約関係がないのに不当に縛っているというのは、必ずしも正しい見方ではないと思います」

ドラフトで指名されたすべてのプロ野球選手は入団する際に必ず、統一契約書にサインしなければならない。その時点で保留制度を受け入れたことになり、不当契約にはならないのだ。

さらに笠原は、一般社会とは異なるプロ野球の特殊性を踏まえてこう続けた。

「NPBという一つの興行団体が共通のルールを定めてやっていることです。各チームが了承しているという意味において、我々では『共同行為』と言いますが、外形的にはカルテルや談合と同じような話で、『みんなでこういうルールでやっていきましょうね』と横で合意するものです。通常のビジネスのなかでは、カルテルは原則違法です。やった瞬間に、どんな効果があるかはさておき独禁法としてアウト。基本的に、世界中でそういう概念です。

ところがスポーツに関しては、必ずしもそういうルールを設けて一発アウトではなく、若干の留保が必要というのが我々の考え方です。それによって競争上プラスになることも考えられるとすれば、個別にバランスのなかで評価しましょうということです」

独禁法が求める目的の一つは「競争促進」だ。プロ野球では保留制度やドラフト会議、FA制度があることで、はたして競争が促されているのか。そこに反した場合、法の出番になる。

逆に言うと、制約によって全体の競争が促進されるという見方もできる。それこそが、プロ野球で保留制度が認められている唯一の理屈と言えるだろう。

「清武の乱」で消滅した幻のシナリオ

一九九〇年代前半からＦＡ制度とドラフトの逆指名制度の導入を求めた巨人が、「一リーグ制」を見据えていたことは第２章で述べたとおりだ。その動きは、二〇〇四年の球界再編騒動に結びついていく。結果、近鉄球団の消滅、ＮＰＢ史上初めての選手たちによるストライキという〝プロ野球の危機〟を招いた。

一連の騒動に巻き込まれた選手会は翌年二〇〇五年八月、「日本プロ野球構造改革案」を発表した。八五ページからなるこの案では、「日本プロ野球が、中長期的にはアジア最高のリーグとしてＭＬＢと対等もしくはそれ以上のブランド力を持つこと」を方向性としており、地域密着経営など「ビジネス面」から、ドラフト改革やユースチームの創設など「自由競争化の準備」、そして「ＮＰＢ改革」まで具体的な提言がされている（日本プロ野球選手会の公式ＨＰに掲載）。

その一つとして言及されているのが「新保留制度の確立」で、「ＦＡ制度改革」が掲げられた。取得年数の短縮や一軍登録日数の緩和、補償金の撤廃が具体案とともに語られると同時に、「宣言」制度の撤廃が二つの道筋とともに掲げられた。

一つ目の道は、「**完全FA後の保留制度の廃止**（MLB型）」だ。一度FAになった選手は保留制度から完全に外れ、以降はずっとFAの状態になる。球団側は複数年契約を結ぶことでしか選手を拘束することができない。仮にFAとなってから一年契約を結んだ場合、シーズン終了後、選手は自由に次の所属先を求めることができる。

二つ目の道は、「**FA宣言制度の廃止**（自動的FA状態の付与）」。取得年数を満たした全選手は自動的にFAとなり、本来の意味での自由契約（＝フリーエージェント）として市場に出る。その上で所属球団と再契約するか、あるいは新たに移籍先を求めていく。

いずれの道も、移籍マーケットに出る選手数を増やし、移籍の活性化を狙いとしている。選手の立場からすると、球団を選べる自由度が増し、市場での獲得競争によってより良い条件を得られやすいというメリットがある。一方、所属先をなくしかねないことがリスクだ。

球団側にとっては、保留制度のなかで設けられている年俸減額制限が外れることで年俸を抑制することができると同時に、仮に獲得競争に敗れても、代替選手を見つけやすいことが利点となる。デメリットとしては、「宣言」という〝踏み絵〟をなくすことで、選手が出ていきやすくなる＝流出の可能性が高まることがあるだろう。

選手会による一連の改革案を客観的に見ると、ぜいたく税の導入など「経営者と労働者は対等」という観点を踏まえてフェアに提案しているように感じられる。しかし二〇〇七年七月二一日付の読売新聞の記事「プロ野球選手会　保留権撤廃求め提訴も」によると、「日本プロ野球構造改革案」の大部分は議論されることなく放置されたと選手会は主張している。

それでも、選手会は自ら行動を起こしたことにより、勝ち取ったものがある。二〇〇八年、取得年数の短縮が合意されたのだ。さかのぼること五年前の二〇〇三年、一軍登録日数が累計九年に達すれば、ドラフトで逆指名制度を使ってプロ入りした選手も含めた全選手が、権利を取得できるようになって以来の改正だった。

きっかけは二〇〇七年にアマチュア選手への「裏金問題」が勃発し、ドラフト会議の希望枠が撤廃されたことだ。

当初は希望枠の撤廃に反対していた巨人だが、これを受け入れると、高校生を対象とする「育成型ドラフト」と大学・社会人を対象とする「即戦力型ドラフト」を分けて実施することなどを提案した。

同時に訴えたのが、FA権の取得期間短縮だ。

「希望枠を撤廃してFA制度が九年のままでは、選手の自由がなくなってしまう。入り口の自由をなくすなら、出口の自由を広げないといけない」

巨人の球団代表である清武英利《きよたけひでとし》はこう話し、新たにドラフトで入団する新人選手の場合、国内移籍に関して高卒は六年、大学・社会人は五年、すでに球団に在籍する選手は六年に短縮することを提案した（二〇〇七年三月一四日付の読売新聞の記事「巨人がドラフト改革案」より）。

巨人の主張に対し、各球団の思惑は一致しなかった。同年三月二九日付の朝日新聞の記事「巨人折れ、急転決着　新制度委、六球団程度で　希望枠廃止　プロ野球」によると、「FAについては、現行の九年から五、六年まで短縮したい巨人と、絶対に認めないとする広島、八年までならいいとする阪神など、各球団で意見は分かれている」。

意見がまとまらない球団側との事務折衝がうまく進まないことに選手会は業を煮やし、同年七月二〇日の臨時大会で、保留権の撤廃を求めて一二球団を相手に訴訟を起こす方針を全会一致で決めた。球団側との交渉は翌年まで続き、二〇〇八年六月、FA権の取得期間は現役選手については従来から一年短縮されて八年、二〇〇七年ドラフト以降に入団した選手は高卒が八年、大学・社会人は七年に変更された。

以降、現在までFA権の取得期間は変わらぬまま運用されているが、この話には続きがある。松本によると、幻に終わったシナリオがあったのだ。

「本当はその三年後にもっと短くなるという話でした。でも清武さんが飛んじゃったから、そうならなかったんです。我々としてはさらに短くし、補償制度を撤廃することが二〇〇八年の交渉のときの一番の主眼でした」

前述したように巨人はFA権の取得期間を短くしたいと望み、球団代表の清武と選手会はそうした方向で話していた。

しかし二〇一一年一一月、「清武の乱」が勃発する。まさに、三年後の出来事だった。巨人は同年シーズンを三位で終えると、会長の渡邉がコーチ人事に口を出したとして清武は怒り、「会社の内部体制とコンプライアンスを破った」という声明を出して批判した。会社の会長を公の場で批判した結果、清武は巨人におけるすべての職から解任された。

そうして、FA権の取得期間短縮についての話も立ち消えになったのである。

FA移籍した半数が成績ダウン

選手会は今も取得年数や補償制度など現行FA制度の問題点を挙げ、改正を求めている。

「（FA権を）宣言しないと他の球団の話を聞けないとか、一般の社会では考えられない問題はあります」。そう話した森は二〇一六年四月におこなわれたNPBとの事務折衝で、FA宣言前に他球団の話を聞けるようにすることを要求したが、断られた。森が指摘するように一般社会では考えられない問題であり、「宣言残留」を認めないという球団も存在する。

ただし選手会の要求は、〝一線〟を越えかねないものだった。「産経WEST」は「甘えるな‼ プロ野球選手会　リスクなしのFA宣言は〝サラリーマン化〟の始まりだ」と強烈なタイトルの記事（二〇一六年五月二六日付）で、「野球協約で禁止されているタンパリング（事前交渉）の容認を求めているといってもいい内容」「今回の選手会の要望は、宣言のリスクはかぶらず、自分たちの都合のみを考えていると指摘されても仕方がない」と選手会を批判した。

実際、「宣言」制度に関して現在の選手会は、「日本プロ野球構造改革案」を提案した頃とは異なるスタンスだ。森の話を聞くと、同案で訴えた〝移籍の活性化〟をめざすより、雇用の〝安定性〟を優先しているように感じる。一定年数在籍すれば全選手が自動的にＦＡになるＭＬＢ方式より、「宣言」制度のあるＮＰＢのほうが、翌年も同じ球団に契約延長してもらいやすいというのが今の選手会の総意だ。

入団時に球団選択の自由がない選手たちにとってＦＡ制度は不可欠な権利だが、同時に所属先をなくすリスクもある。選手側にとって、それがＦＡ制度の難しい点と言えるだろう。

ＮＰＢでは一九九三年に制度が導入されて以来、二一八人の選手がＦＡ権の行使を宣言してきた（複数回宣言した選手はその都度カウント）。そのうち一二五人が新天地を求め、九三人は古巣と再契約を結んでいる。なかにはあえて権利を行使せず、レバレッジをかけて複数年契約を結んだ選手もいる。例えば西武の中村剛也《なかむらたけや》は順調に行けば二〇一二年に国内ＦＡ権を取得できるなか、前年シーズン終了後に三年一〇億円超の複数契約を結んだ（二〇一八年に海外ＦＡ権を行使して西武と契約延長）。

稲葉篤紀《いなばあつのり》（ヤクルト→日本ハム）や内川聖一《うちかわせいいち》（横浜→ソフトバンク）のように移籍した球団の顔になった者がいれば、川崎憲次郎《かわさきけんじろう》（ヤクルト→中日）のように新天地で一勝もできないまま現役引退したケースもある。

全体的に見れば、ＦＡで移籍してもうまくいかない例のほうが多い。

一九九三年から二〇一八年までに国内で移籍した八九人の選手について、移籍先で活躍したか否かを調べると、左ページの図のように分類される。

成績の定義は、野手は〈試合数、安打、本塁打、打率、打点、盗塁〉、投手は〈試合数、投球回数、勝敗、セーブ、防御率〉の数字から、選手のタイプに応じて求められる活躍を考慮し、客観的に判断した。総合的に大きな

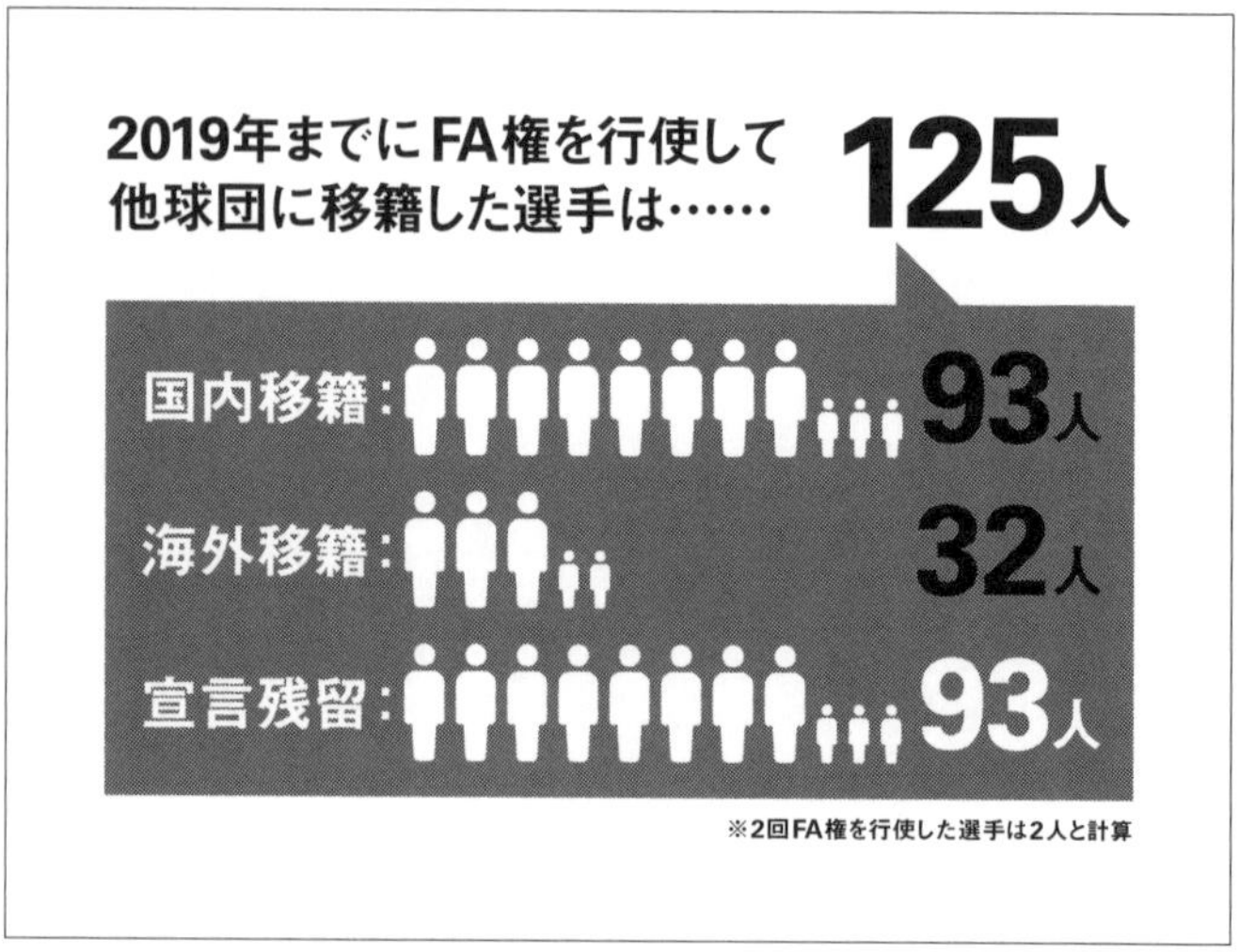
2019年までにFA権を行使して
他球団に移籍した選手は……
125人
国内移籍：93人
海外移籍：32人
宣言残留：93人
※2回FA権を行使した選手は2人と計算

変動がない限り、「前年並み」としている。実に半分の選手が成績を落としていた。

同様の傾向は、スポーツライターの西尾典文による「AERA dot」の記事「主力の活躍はわずか2年…歴代FA選手の〝移籍後〟を検証した」（二〇一七年一二月一六日付）でも見て取れる。同記事では、二〇一六年までにFAで移籍した八一人の選手について分析し、〈成績アップ〉は一八人、〈同程度〉は二〇人、〈成績ダウン〉は四三人だった。

この記事では中長期的なパフォーマンスにも目を向け、キャリアハイの成績がいつだったかを調べている。FA移籍前が七四人だったのに対し、FA移籍後は七人だった。

また、FA移籍後に主力選手として活躍した平均年数は二・一年と短い。移籍後に主力として活躍した期間が一年に満たなかった選手は二七人で、全体の三割以上に当たるという。

こうして各種の数字を見ていくと、制度導入前に想定されていたほど移籍の活性化につながっていない背景が浮き上がってくる。二〇一八年まで

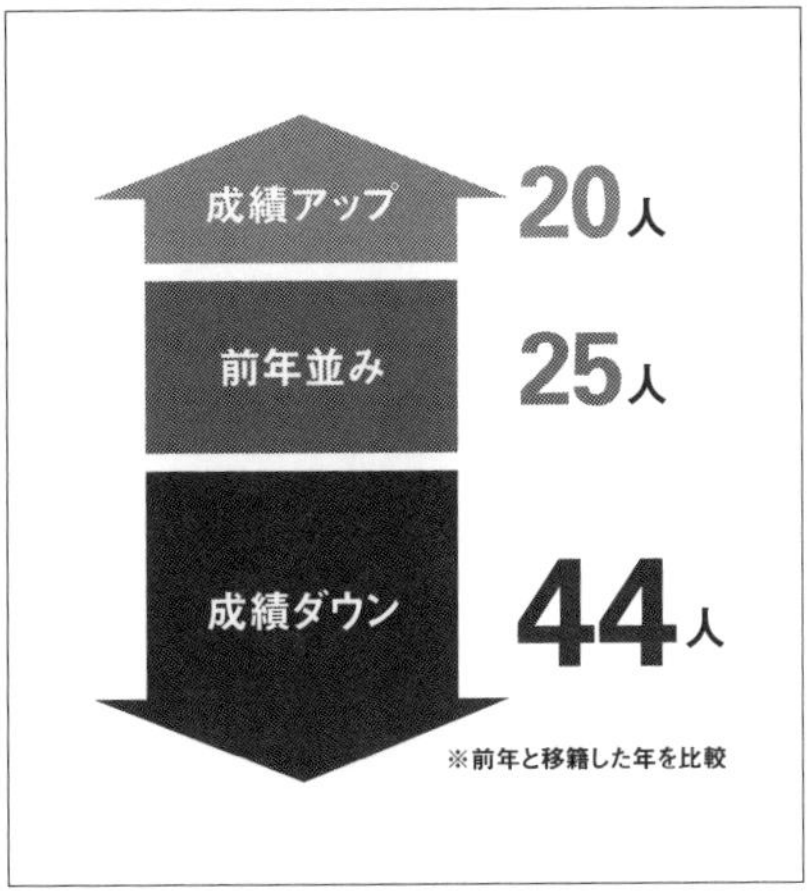

にＦＡで国内の他球団に移籍した選手の平均年齢は三一・四歳（新シーズンの開幕時点）と、年齢の高さ（＝取得年数の長さ）により選手としてのピークをすぎ、移籍後に成績を落としている可能性が大きい。そうした前例を踏まえて多くの選手はＦＡ権の行使に二の足を踏み、宣言せずに残留する道を選んでいるのだ。

ＦＡは自分をどう幸せにするか

二〇〇〇年から選手会をサポートしている広報の山崎は、戦略プロデューサーとしてさまざまな企業や組織のプロジェクトに携わってきた。ＦＡ宣言するか否か、これまで多くの選手の決断を見てきたなか、明暗を分ける要因について客観的にこう感じている。

「選手それぞれで見えている世界がちがっています。自分にとってＦＡがどういう機能を果たすのかを突き詰めて考えられている選手はうまく使っているし、考える余裕のない選手はポジティブな道具として捉えるより、リスキーだと感じる。ただしプロの世界って、そのリスクを回避して、チームに残ったら幸せになれるというわけでもないじゃないですか。ＦＡの権利を取得する選手は、それが自分のなかでどういうものなのかをもっと明確にしておくことが重要だなと感じますね。本質的にＦＡって、自分をどう幸せにするものなのか。不幸にするリスクもありながら、どういうものかという結論を、取得する前から自分なりに持っている選手は幸せになるという感じがします」

報道では移籍後の年俸や契約内容に大きな注目が集まるが、選手たちが考えるのはそれだけではない。待遇は誰にとっても大きな条件の一つだが、移籍先でどのようなチャンスを得られそうか、チームが優勝をめざせる確率はどれくらいあるのか。さらに家族の要望も絡んでくる。

例えば、二〇一九年オフにソフトバンクからFA宣言した福田秀平は楽天から四年総額八億円と報じられるオファーを受けながら、四年総額四億八〇〇〇万円プラス出来高（推定）という条件のロッテを選んだ。恩人として慕うヘッド兼内野守備コーチの鳥越裕介《とりごえゆうすけ》の存在が大きかったと報じられている。

幸せになるための条件は、選手それぞれに異なるのだ。

毎年一〇月、FA権の有資格者たちと電話で話している松本も、山崎と同じスタンスだ。

「最近、我々選手会が考えているのは、選手にとっての幸せな働き場です。FAの資格を持っているなかでどうするのか、ものすごく話し合います」

普段は選手たちに寄り添ってその決断をサポートしながら、同時に社会を俯瞰的に見て、どうすれば球界により良い制度をつくっていくことができるかと思考を巡らせている。松本は選手会事務局の面々と一緒に世の中の移り変わりに目を凝らしながら、変革のチャンスをずっと窺ってきた。

「例えばこの数年で、公正取引委員会のなかに人材の流動に関する検討会ができたり、世の中が終身雇用からフリーランスに変わってきたりするなど、（働き方の）流れが変わってきたところがあります。我々としても『こういう世の中の流れは（野球界に置き換えると）どうなのだろうか』と考えてきました。

やっぱり選手がより活躍できる、より働ける場所を探して動けるような制度設計にしていったほうがいいと思いますね。それは球団経営としても、何らマイナスではない。球界再編騒動から一五年くらい経って、球団経営が相当安定してきたのが事実です。ほとんどの球団が黒字化していますからね。そういうなかで選手の動きをある程度流動的にしたとしても、そんなに球団経営にも影響がないだろうということで、我々としては（球団側に対して）ＦＡの改正や現役ドラフトの話をしています。選手たちは自分のためだけではなくて、球界全体を考えて、『今なら言えるのではないか』という雰囲気のなかでやっているところです」

選手が「やりきった感」を持てるように

プロ野球には、「社会の公器」という側面がある。

各球団の売り上げ規模は中小企業くらいだが、毎日地上波のニュースで報じられるなど社会的に極めて大きな影響力を備えている。

プロ野球は私企業によるサービス産業だが、各球団がフランチャイズを置く地域と密着し、多くのファンに支えられている。つまり、「公」と共存しながら存在している。

逆に言えば、社会のなかでおこなわれているのがプロ野球だ。当然、世の中の変化にさまざまな影響を受けている。

先述した公正取引委員会の笠原は、社会の事象や変化と照らし合わせながらプロ野球のあり方について考える必要があると話した。選手会の顧問弁護士を務める松本は世の中の動きをつぶさに観察し、プロ野球もその時流に乗り遅れないように目を配っている。

FA制度の議論が盛んにおこなわれた一九九〇年代前半、サラリーマンの終身雇用制が見直され、各紙ではプロ野球も同じように変わるべきだという声にあふれた。

それから四半世紀が経過した現在、人々の働き方は二五年前より多様になっている。転職してキャリアアップするのは今や当たり前になり、派遣やフリーランス、兼業や副業など自身に合った仕事の仕方を各自が選べるようになってきた。新型コロナウイルスの感染拡大の影響もあり、オフィスに出勤せず、在宅でのテレワークというスタイルも増えている。

そうして世の中が変わりゆくなか、選手会が求めているのは、より充実した現役生活を送るための仕組みづくりだ。広報の山崎は、一人の選手の例を出して話した。

「選手にとっての『やりきった感』をどれだけ残してあげられるかを我々は課題にしています。飼い殺されていると感じながら現役生活を終えるより、例えばソフトバンクからヤクルトに行った吉本亮《よしもとりょう》選手みたいに最後の一、二年でも弾けたら、その後の人生も変わるじゃないですか」

一九九八年ドラフト一位で九州学院高校からダイエーに入団した吉本は厚い選手層のなかで思うように出場機会を得られず、高卒一〇年目の二〇〇八年、一軍で一度もチャンスが回ってこないまま戦力外通告を受けた。同年オフに一二球団合同トライアウトに参加してヤクルトへの入団を勝ち取ると、二年間で五四試合に出場する。二〇〇九年にはプロ入り一一年目で初本塁打を放ち、翌年には交流戦のソフトバンク戦で杉内俊哉《すぎうちとしや》から代打でタイムリーを放つなど一軍の華やかな舞台で足跡を残した。二〇一一年限りで再び戦力外通告を受けたが、古巣のソフトバンクで運営部のスタッフとなり、二〇一八年から三軍のコーチを務めている。

吉本のように、チームを移れば出場機会を得られる選手は多くいるはずだ。新天地で輝くことができれば、その後のキャリアも変わってくる。日本球界ではトレードが活発におこなわれているわけではなく、吉本のような例をもっと多く生み出せるように、選手会は方策を練っている。山崎が続ける。

「選手が『やりきった感』を持てるように、我々がどういうことをできるか。もちろんＦＡで移籍した選手にはチャンスをつかんでほしいですけど、結果として移籍先でパフォーマンスが落ちたとしても、チームを出たのは自分の選択だからポジティブな決断じゃないですか。現役ドラフトも同じことです。保留制度のなかで、そういう打ち手をどれだけ出していけるか。

球団が、クビにした選手や移籍を容認した選手が他のチームで活躍したら担当者の評価を下げるとか、『出した選手が活躍したじゃないか』と怒る上の人間がいるとか、そういう成熟していないところを何とかしなければいけないと思っています。我々としては、短時間で実現できることをやっていく。その上で保留制度そのものを変えるという意識に持っていけるために何をできるか、並行して考えていく。それが事務局長のスタンスです」

現役ドラフトは〝競争〟とは別問題

日本のプロ野球に保留制度が存在するなかで、現在、選手会として優先的に取り組んでいるのが現役ドラフトという新制度の導入だ。二〇一九年春に提案している。

「現役ドラフトは、プロ野球における〝競争〟とは別の問題だと考えています」

松本がこう指摘する裏には、球界独特の事情がある。

プロ野球は競争社会で、本来、出場機会は自ら勝ち取るべきものだ。ところがレギュラーポジションは九つ、一軍登録枠は二九人に限られ（二〇二〇年は特例で三一人）、チーム事情で十分なチャンスを与えられない者も少なくない。例えばFA権を行使して加入したスター選手や、大物外国人選手が同じポジションに加わった若手は、出場機会を得るのが一気に難しくなる。

実際、「ちがうチームに行けば、もっと出られるのにな」という声は選手間でもよくあるという。事前にプロ野球選手会のアンケートに回答した六八三人の選手のうち、九五％にあたる六四九人が現役ドラフトに「期待する」と答えたのは、そうした事情をよく理解しているからだろう。

現役ドラフトを発案した背景について、松本はこう説明する。

「球団として年間一四三試合を戦うために、どうしてもケガ人が出たときのために〝置いておく選手〟がいるんです。そういう選手を他の球団のスカウトは欲しいと言っているから、だったら動かしたほうがいいという話です。せっかくプロ野球選手になったのに、『自分は活躍するために使われるのではなく、誰かのケガの保障のためだけに置かれている』と感じさせるような働かせ方をなくすために、現役ドラフトをつくろうとなりました」

以前は出場機会に恵まれていなかったものの、トレードで所属球団を変わり、活躍するようになった選手の代表格が大田泰示《おおたたいし》だ。二〇〇八年ドラフト一位で東海大学付属相模高校から巨人に入団し、松井秀喜の背番号55を受け継いだ主砲候補は八年間、期待されたような活躍を見せることができなかった。それが二〇一六年オフに日本ハムへ移籍すると覚醒し、翌年から三年続けて二桁本塁打を記録したのだ。推定年俸は二〇一六年時点で二一〇〇万円だったところから、二〇二〇年には一億円に到達した。

新天地で目覚めた理由についてスポーツジャーナリストの氏原英明が「NewsPicks」の記事「巨人と日本ハムの比較で見える〝人が育つ〟組織論」で大田の言葉を紹介している。

「僕自身の考え方がファイターズに来て変わったわけではないんです。ジャイアンツのときも考えてやっていました。ただ、正しい努力と無駄な努力があって、それが今はいい方向に行きだしているのかなと思います。ジャイアンツでは、やっているメンバーやコーチ陣が代わらなかった。八年間やってきたメンバーなので、新鮮なものが自分の中になかった。ファイターズに来て新鮮な知識が自分の中に疑いもなく入ってくるので、それが良かったのかなと思います」

ビジネスパーソンがキャリアに行き詰まった場合、転職して環境を変えるのも一手だろう。上司や同僚などとの新たな出会いが、飛躍のきっかけになるかもしれない。

対してプロ野球選手はＦＡ権を行使できる一流選手を除き、自ら所属チームを替えることはほぼ不可能だ。ゆえにかつての大田のように、埋もれた才能がごまんといる。

そこでプロ野球選手たちは、現役ドラフトという新たな選択肢を求めて行動を起こした。

現役ドラフトで浮上する〝おいしい選手〟

現役ドラフトはＭＬＢや韓国のプロ野球で実施されており、簡潔に言えば、出場機会の少ない選手を強制的に移籍させ、〝飼い殺し〟をなくす制度だ。

ＭＬＢ版のルール・ファイブ・ドラフトでは「メジャーリーグの四〇人枠に登録されていないマイナー選手のうち、入団契約時に一九歳以上だった選手は入団から四年、一八歳以下は入団から五年が経った選手」が対象になり、他球団が指名して獲得することができる。「SPORTING NEWS」の記事「MLBチームが『ルール・ファイブ・ドラフト』を信頼し続けるワケ（前編）」によると、「何らかの見込みがある選手をお試しできる」制度で、球団、選手ともにローリスクかつメリットがある。移籍した新チームに起用を促すルールもあり、もし十分な出場機会を与えなければ、旧所属球団に返還する仕組みがあるのも特徴だ。

一方、NPBの各球団に提案した試案について、松本はこう説明した。

「球団主導でプロテクトのような方向にするのか、それとも通算の登録日数が一定に満たない選手を（自動的に）対象にするのか。それは球団との折衝です。我々とすれば、リアルに控え、あるいは保険で置かれている選手にフォーカスしたレンジにしたほうがいいだろうと考えています。だから入団三年くらいまでの育成期間の選手は対象から外すし、登録日数がたまっている選手も外します。ポジションごとにどうするとか、高卒、大卒でどうするかも話していきます。

我々でレンジをつくって対象選手を全部ピックアップしていますが、他球団から見ればなかなか〝おいしい選手〟がいると思います。例えばソフトバンクや巨人みたいな（戦力的に）すごいチームのすごくいい若手が、登録日数が（基準に）足りないんです。つまり他球団からすればローリスクでハイリターンを得られる可能性がある。それで活躍してくれたら儲けもの。ダメだったら、たぶんその球団にいても二、三年後には戦力外になるかもしれないので、（現状と）あまり変わりません。球団にとっては非常にリスクが少ないです」

松本の説明を受け、私は「ＮｅｗｓＰｉｃｋｓ」の記事「【真相】なぜ現役ドラフトを提案するのか。交渉は『一歩前進』」（二〇一九年三月二六日付）で独自に選手をピックアップしてみた。

現役ドラフトはあくまで「救済手段」であることを考慮し、高卒は入団六年目以降、大卒・社会人出身は同四年目以降で通算の一軍登録日数が計一〇〇日未満の選手を対象にした。一定の育成期間がすぎたなかで出場機会がほとんどなく、現状では戦力構想に入っていないため、球団にとって失うダメージは少ないと言える。そこで浮かび上がったのが次の三人だ。

・真砂勇介《まさごゆうすけ》（ソフトバンク）
・相内誠《あいうちまこと》（西武）
・和田恋《わだれん》（巨人）

二〇一二年ドラフト四位で西城陽高校からソフトバンクに入団した真砂は二〇一六年に開催されたＵ23ワールドカップで日本代表の四番を務め、最優秀選手に輝いた右の長距離砲だ。

しかし、選手層の厚いソフトバンクでは二〇一九年終了時点で二二試合の出場にとどまっている。

相内は二〇一二年ドラフト二位で翔凜高校から西武に指名されたが、仮契約後に高速道路を無免許運転して入団凍結処分を受けた。長身右腕投手は速球、変化球ともに一球一球を見れば高い質を誇るが、安定感に欠けて、二〇一九年終了時点で通算二一試合登板と入団時の期待に応えられていない。

対して二〇一三年ドラフト二位で高知高校から巨人に入団した和田は、二〇一九年七月に古川侑利《ふるかわゆうり》とのトレードで楽天に移籍した。高校通算五五本塁打の長距離砲は巨人で五試合しか出場できなかったものの、楽天に途中加入した二〇一九年には四番でのスタメンを含む三一試合で起用され、プロ初本塁打を記録した。

巨人と楽天の思惑が一致したトレードで和田はチャンスをつかんだ一方、現役ドラフトが導入されれば、新天地で輝く可能性のある選手はまだまだいるはずだ。

組織の繁栄を最優先するＭＬＢ

選手会の事務局長を務めている森はかつて、プロ野球の世界で不遇を味わった。一九八〇年ドラフト外で阪神に入団し、六年間の現役生活で一度も一軍でチャンスを得られないまま ユニフォームを脱いだ。現在は選手たちの権利拡大に向けて働くなか、出場機会に恵まれない者の気持ちを誰よりわかっている。

「小さい頃から野球選手になるために打ち込んできて、せっかくプロ野球選手になったのに、やりきったと感じられずに、『何のためにプロ野球選手になったのか』という思いの選手がいたら不幸だなと思います。『もしかして野球をやらずに勉強ばかりやっていたら、もっといい人生だったかもしれない。野球をしない人生だったら良かったかもしれない』という選手が出てきてしまったら、良くないなと」

もともと一軍でチャンスを与えられていない選手をシャッフルする現役ドラフトは、〝ローリスクハイリターン〟の制度だ。他球団に獲られたくなければ起用すればいい話で、チーム内の競争を活性化するというメリットもある。

ただし日本では長らく、トレードで放出されるのはネガティブに捉えられてきた。所属球団の編成担当と現役ドラフトについて話したある選手は、「自分のスカウトした選手を他球団に獲られたくない」と反対されたという。こうした利己的な考え方は日本球界に根強く、選手の成長を疎外しかねない。

ＭＬＢではシーズン途中に優勝を狙うことが難しくなると、主力を放出してマイナーリーグのプロスペクト（有望株）を獲得するトレードが毎年活発におこなわれる。若手を失ったスカウトは喪失感もある一方、自分の担当した選手と交換でメジャーリーガーを獲得でき、それがチームの優勝につながるのは名誉なことだと考えられると元メジャーリーガーが話していた。雇用する側は個人的な感情より組織の繁栄を最優先に考え、被雇用者には生き生きと働ける場を見つける選択肢が存在する。そうした制度やカルチャーが、ＭＬＢの隆盛の裏にあるのだ。

日米で異なる価値観があるのは当たり前だが、いいものは積極的に取り入れていけばいい。そうして社会や組織は成熟していく。さらに個人の権利拡大や、より輝ける環境づくりをどんどん推進していくべきだ。

日本球界には「トレードで出した選手に活躍されると、自分の評価が落ちる」という後ろ向きの声が根深くあるが、ポジティブ思考への転換が求められる。誰かの代わりとして犠牲になる選手がいるのはおかしいと、弁護士の松本は主張する。

「現役ドラフトで選手を放出すると、もしケガ人が出た場合に保険の選手がいなくなるから困るのだとしたら、その保険は別にその選手ではなくてもいいですよねという話です。さらに言えば、ケガされると困るのだったら、ケガされないようにコンディションをうまく整える方法を監督が考えるべきです。保険とされる選手の犠牲の上に、リスクの補填をするのは勘弁してくださいという話です。『年俸を払っているからいいでしょ』ということではありません」

プロ野球に求められる「働き方改革」

選手会からの提案を受け、球団側も現役ドラフトを導入前提で検討しているが、その方向性は要望からかけ離れている。日刊スポーツ電子版の記事「対象者は？　選手会が導入目指す現役ドラフト案入手！」（二〇一九年一二月六日付）では、骨子案としてこう書かれている。

「球団が八人を選定し、リストを作成。前年一〇月のドラフト会議で指名された新人や外国人、一定の高額年俸選手らは自動的に対象外となる見込みだ。また全一二球団から最低一人以上が指名される方式とみられる。例えばA球団がB球団から対象選手を指名すると、次の球団はB球団以外から指名する。一巡するまで繰り返し、全一二球団が埋もれていた選手を選ぶことになる」

球団が八人をリストアップする方式では、翌シーズンの契約が当落線上にある選手が選ばれることが確実だ。

「最初、球団の人も勘違いしていて、戦力外になるような選手に最後のチャンスをと考えていたみたいです……」

私は二〇二〇年三月に選手会事務局を再び訪れると、森はそもそも球団側に選手会の意図が伝わっていなかったと苦笑いを浮かべた。

「球団も反対するのではなく、やろうとはなっています。その点は今までとちがうかなというのはあります。ただ、どうせやるなら実のあるものにして、球界全体が良くなるようにしてもらわないといけない。一つのチームの利害だけで、いろんなことを言ってしまってはどうかというのがこちらとしてはあります。一番の問題はリストアップの方法だと思っています。もともと選手会としては年数と登録日数で基準を決めて、リストアップするような提案をしていました。たぶんそれをシミュレーションしたら意外な選手が浮かび上がってきてしまったのか、『こっちで選ばせろ』となっちゃっているんです。

でも、戦力外になるような選手に最後のチャンスをあげる方式では主旨がちがうので、『それはもともとの考えがちがいますよ。選手会的には、今いるチームで活躍の場が与えられなくて、他だったらチャンスがあるような選手に移籍システムをつくりたい』と言っているけど、なかなか理解してもらえないですね。球団側から『変えていこう』とはならないので、選手会から言っていくしかありません」

選手会は現役ドラフトという新制度の導入を最優先し、細かい項目は実施後に改正していけばいいというスタンスだ。球団側との交渉が順調に行けば二〇二〇年七月からの実施もあり得ると報じられていたが、新型コロナウイルスの感染拡大で同年シーズンが開幕延期され、現役ドラフトの導入は二〇二一年以降に持ち越されることが濃厚となった。

導入ありきの納得のいかない条件でスタートさせると、「使いにくい」まま運用されつづけているFA制度の二の舞になりかねない。予期せぬアクシデントで現役ドラフトの導入が遅くなったなか、どれくらい要求を譲らずに通せるかが、同制度の成否を左右するだろう。

新たな制度を導入する上で不可欠になるのは、なぜ、その規定をつくる必要があるのかという「理念」だ。選手たちが四半世紀前にFA制度を求め、現在、現役ドラフトを提案しているのは〝幸せになるための働き場〟を求めているからである。

世の中の変化になぞらえて、松本はこう話した。

「俗っぽい言い方をすると、この時代の働き方改革みたいな話です。世の中の流れとして、今、いろいろ言われているじゃないですか。例えば、個人を尊重するとか。それを全部野球界に適用するのではなくて、野球界にあるべき姿を模索する。その一貫として、僕らはFAなどの話をしています。

FAをとれない選手にとっては何の選択肢もないから、ずっと〝塩漬け〟みたいな話になってしまいます。そこが問題だから現役ドラフトをちゃんとつくって、選手が幸せな働き場、選択肢をつくっていこうと、今はトータルでやっています」

政府が推進する働き方改革は、個々の事情に応じ、多様な働き方を選択できる社会を実現し、一人ひとりがより良い将来の展望を持てるようにすることをめざしている。

プロ野球でも同じく、選手たちがより輝けるあり方を模索することについて、異論のある者は限りなく少ないだろう。ひいては選手だけでなく、球団、球界全体の発展につながっていく。

ＦＡ制度が導入されてから二七年が経ち、各球団の経営状況は劇的に変わった。二〇〇〇年代中盤まで続いた巨人戦のテレビ放映権料頼みから脱却し、スタジアムにたくさんのファンを集客するビジネスモデルが生み出された。なかでも連日多くのファンが詰めかける広島は、二〇一九年の決算で八七億一一〇〇万円の利益剰余金があったと発表している。かつて閑古鳥が泣いていたパ・リーグの球場にも、連日多くのファンがやってくるようになった。

令和を迎えた今、プロ野球はさらなる発展をめざす体力が十分に備わっている。二〇二〇年には新型コロナウイルスの感染拡大で無観客試合や入場制限を強いられたが、経営の土台はびくともしなかった。新たな球界のあり方を模索するのは、これからでも決して遅くはない。うまく活用されていないＦＡ制度を見直し、現役ドラフトを導入して、一人でも多くの選手が幸せに働けるように求めていく。それが現代社会のなかに存在するプロ野球にはふさわしいはずだ。

その声を誰より強く打ち出せるのは、グラウンドの主役である選手自身に他ならない。

第4章　〝踏み絵〟を踏んで変わった男の人生

「身の程知らず」のＦＡ宣言

夏の甲子園出場校を決める地方大会が各地で大詰めを迎えていた二〇一九年七月下旬、私は西東京最大級のターミナル駅であるＪＲ立川駅で、一人の元プロ野球選手と待ち合わせた。

改札を出てすぐのところにある約束の場所に向かうと、高校球児に負けず劣らず、真っ黒に日焼けした長身の男が待っている。ユニフォームを脱いでから二年が経つものの、いまだにプロ野球選手のようなたたずまいだ。それもそのはず、球界を去った直後にプロクリケット選手に転身し、アスリート活動を継続しているからである。

ＮＰＢでは過去に二一八人の選手がＦＡ権の行使を宣言してきたが、木村昇吾はそのなかでも私がもっとも会いたかった一人だ。

勘違いＦＡ――。

広島時代の二〇一五年オフに海外ＦＡ権を行使した木村は、心ないファンからそう揶揄《やゆ》された。三五歳のときにＦＡ宣言した結果、獲得に名乗りを挙げる球団は現れず、新天地が一カ月以上決まらずに自由契約となったからだ。翌年春のキャンプで西武のテスト生として参加し入団を勝ち取ったが、ＦＡ権を行使した選手がそうした立場に置かれるのは初めてのケースだった。

大阪府出身の木村は香川県の尽誠学園高校、愛知学院大学を経て、二〇〇二年ドラフト一巡目で横浜に指名された。一年目には三月の阪神戦で伊良部秀輝からセーフティバントでプロ初安打を記録するなど、二一試合に出場した。しかし二年目以降は出番を減らし、二〇〇七年シーズンオフに小山田保裕《おやまだやすひろ》との一対二のトレードで岸本秀樹《きしもとひでき》とともに広島へ移籍している。

新天地に移ると、木村は出場機会を大幅に増やした。高い走力と強肩、内外野をどこでも守れるユーティリティ性で二〇〇八年に九四試合に起用されると、打力も高めていく。二〇一三年には堂林翔太《どうばやししょうた》が故障で離脱したシーズン後半からサードのレギュラーに抜擢され、規定打席には届かないながらも打率三割二分五厘の好成績を記録した。

だが翌年後半になると、再びベンチを温める機会が増える。梵英心《そよぎえいしん》がサードで起用されるようになり、ショートには即戦力ルーキーの田中広輔《たなかこうすけ》が加入したからだ。

プロの競争社会は、かくも厳しい。アマチュア球界から選りすぐられた選手たちが、毎年目をギラギラさせて飛び込んでくる。

その一方、「器用貧乏」という言葉があるように、木村は代打や代走、守備固めとなんでも一定以上のレベルでこなせるあまり、首脳陣にとって試合終盤の駒としてとっておきたい存在だった。良く言えば「ジョーカー」、悪く言えばベンチに「置いておかれる」選手。チームにとって不可欠な戦力であることは間違いなかったが、木村はそんな自分を良しとせず、三五歳を迎えたシーズンオフにＦＡ宣言して一念発起を図った。

結果、行き場をなくして自由契約になったのである。

「『身の程知らず』とか書かれましたけど、そうなんですよ。（他球団の評価を）知らないから、知りたかったんですよ、まずは」

涼をとる客であふれる立川駅前のカフェで、木村はあっけらかんとそう言った。

考えてみれば当たり前かもしれないが、外部による「身の程知らず」という辛辣な表現と、本人の口から語られた同じ言葉はずいぶん響きが異なっている。木村の口から出た「身の程知らず」という表現は、プロ野球に存在する一つの問題点をあぶり出しているように感じる。保留制度の下に置かれる選手はＦＡ宣言しないかぎり、他球団の評価を聞くことができないのだ。加えて「宣言残留」を認めていない球団もある。〝プロ野球村〟に存在する掟と言ってしまえばそれまでだが、業界独特のしきたりが多くの選手を悩ませてきたのは事実だ。

当事者としてＦＡ権を行使し、また周囲の決断も見てきた木村は、語気を強めてこう言った。

「だって、苦しんでいますもん、みんな。ＦＡをとって、綺麗に去っていった人、いなくないですか？」

ＮＰＢの歴史でＦＡ制度にもっとも〝翻弄〟された男の言葉には、球界で生きる者たちのリアルがあふれていた。

ＦＡ権は選手にとって〝ご褒美〟

プロ野球の世界には毎年、ドラフト会議を経て七〇人ほどの選手が入ってくる。支配下登録ではなく、一軍の試合に出場できない育成選手も含めれば、プロの門を叩く人数は一〇〇人近くにのぼる。

二〇〇三年に大学を卒業してプロ入りした当初、木村はまさか自分がＦＡ権を取得できるとは夢にも想像していなかった。

「ＦＡの権利をとれるとは思っていないですよね、普通。簡単に言うと、ご褒美みたいな感じじゃないですか。プロでやってきたからこそ、（出場登録日数の）総量を満たしましたという話です。

最初は、自分たちが好きなチームに行ける権利が欲しくて求めたと思うんですよね。それはもちろんわかります。ただ、制度ができた後にプロに入ってくる選手にすれば、条件を満たしたらもらえるものです。それが欲しくてやっているのかと言えば、別にそうでもない。ご褒美、副賞みたいな感じです。FAになってしまうがゆえに生まれる、産みの苦しみもあるというか。金本（知憲）さんも、『こんなものなかったら』っておっしゃって（広島から阪神へ）出ていかれましたよね。そういう意味では、FAがあるがゆえに選択を迫られるわけじゃないですか。なければ、考えることもない」

率直に言うと、木村の回答は意外だった。選手会の事務局長を務めていた大竹憲治や、元球団代表の小嶋武士や坂井保之からFA制度の導入を巡る交渉過程や検討内容、両者の思惑を聞いていただけに、FA制度の導入当初と現在では、選手の側に大きな温度差があるように感じられた。導入を求めた当時の選手会は「不可欠な権利」としてFA制度の必要性を掲げたが、木村は「産みの苦しみ」という表現さえ口にしている。

だが、取材者にとって予想に反した答えは、強い真実味を持っていることがじつは多い。現在の選手たちにとって、少なくとも木村にとって、FA制度は自由に所属球団を選べる〝権利〟というより、長く所属球団に貢献したことでもらえる〝ご褒美〟という位置づけなのだ。

FA制度の誕生から四半世紀が経ち、それが今のプロ野球の現実なのかもしれない。

「プロ入りしてからだいぶ歳を重ねて、ベテランとか選手会長になったような人が（FA制度という）権利を主張しているわけです。その人たちも、当初はFA権をとることを考えてプレーしていたわけではないはずです。何を考えてプレーしているかと言うと、ヒットを打ちたい、守備がうまくなりたい、首位打者になりたい、一軍に定着したい……。そういう年月を経て、FA権の取得に至るわけじゃないですか。そこまで行った人たちが中心になって考えた制度ですよね。野球界のこれからを考えて、『もっと移籍を活性化したほうがいい』と。（選手会の初代会長だった）中畑さんの時代の人たちが、『自分のときにFA制度があったら、もっと移籍が活性化したんじゃないか。アメリカにもあるし』と最初に考えた制度じゃないですか。言ったら後々の人たちのために、今後のプロ野球のためにつくった制度だと思うんですよね。

その制度ができたら、（当事者となる選手は）今度は権利を取得したときのことを考えないといけない。でもシーズン中は目の前のこと、つまり打ちたいとか、勝ちたいとかがあるから、FA権はまず度外視ですよね。シーズンが終わったときに考える。だから、ほぼほぼみんなにとって〝ご褒美〟だと思います」

「一〇億円プレイヤーになりたい」

実際、FA権は〝ご褒美〟の意味合いを込めて導入された経緯がある。

選手会は行動を起こした当初、「自由に球団を選べる権利」としてFA権を選手全員に対して求めたものの、球団は「活躍した人たちに対する優遇策」と捉えた。球団の主張を選手会が受け入れたことで、FA制度は導入に向けて一気に進みはじめたのは前述したとおりだ。

木村がFA制度を〝自分ごと〟として考えるようになったのは、広島で複数年に渡って活躍し、権利の取得が見えてきた頃だった。自分にとって現実的な権利として感じられると、その成り立ちに興味を抱いた。そもそもフリーエージェントとはどういう制度なのか。日本ではなぜ、いつ、どのように誕生したのか。周囲に話を聞き、自分で調べた。

三四歳で国内FA権を取得した二〇一四年は、権利を行使せずに広島に残留している。このシーズンはショートでスタメン起用される機会が増え、プロ入りしてから二番目に多い一〇一試合に出場した。シーズン後半は新人の田中にポジションを譲ったが、打率二割六分一厘とトータルで見れば悪くない成績を残した。

同年シーズン終了後、五年間指揮官を務めてきた野村謙次郎《のむらけんじろう》が退任し、現役時代の最後をチームメイトとしてすごした緒方孝市《おがたこういち》が新監督に就任することが決まった。木村は優勝して「緒方さんを胴上げしたい」という気持ちが強くみなぎってきたと、当時の決断を振り返っている。

迎えた二〇一五年、チームが三年ぶりのBクラスとなる四位に終わるなか、木村の出場試合は七二に減少、打席数は一〇九と前年の半分以下になった。プレーボール時はベンチに置かれ、試合途中に投入される「ジョーカー」としては決して悪い数字ではないが、木村本人はそう思えなかった。幼少の頃に描いていた自分自身の理想像と、三五歳になった現在地に大きなギャップがあることを不意に気づき、前年までと異なる感情が込み上げてきたのだ。

「ふと、自分に腹が立ったんです。だって、僕は『一〇億円プレイヤーになりたい』って言っていたんですよ。その自分が、『たかが四〇〇〇万くらいで、何を現状に満足しているの？』ってなったわけです」

木村は小学校の卒業文集に「一〇億円プレイヤーになりたい」と綴った。生まれてから六年後の一九八六年オフ、日本ではロッテから中日に移籍した落合博満がＮＰＢで日本人初の一億円プレイヤーとなったばかりで、年俸一〇億円など夢のまた夢だともちろんわかっていた。それくらいの大志を抱いていたのだ。

六年生で身長一五〇センチほどだった木村は、一八〇センチ近くある早熟の対戦相手に対し、投手をすれば封じ込め、打席に立てば快音を響かせた。そんな自分が大人になって一八〇センチくらいになれば、王貞治の通算本塁打記録八六八本を超えることだってできるはずだ。無限の夢を抱き、プロ野球選手をめざした。

しかし、現実は大きくちがった。思い描いたとおりにプロの世界に足を踏み入れることはできたものの、役回りはバックアッパーだった。レギュラーの故障によりシーズン途中からスタメンを張った年が三度あったが、新しい年になれば、再びベンチスタートに戻った。

「当時の僕は内野、外野、キャッチャーもスタンバイしたり、いろんなことができる、言ったらジョーカーですよね。ジョーカーってゲームのとき、絶対最初に出さないじゃないですか。何かあったとき、最後のほうに出す。ということは置いておかれるっていうことです。僕がいるから、誰かを使う。だから、試合に出るチャンスが減りますよね。出られるけど、出られなくもなる」

三月後半から一〇月前半までに毎週五〜六試合のペースで争われるペナントレースは、選手層の厚さが勝敗を大きく左右する。グラウンドの主役はレギュラーを張る選手たちだが、バックアッパーもまた欠かせない戦力だ。ましてや木村のようにさまざまな役割をこなせるユーティリティプレイヤーは、チームに多くの選択肢をもたらすことができる。

広島に移籍してから木村の年俸は右肩上がりとなり、二〇一五年には四〇〇〇万円に達した。チームの平均年俸三三六七万円を上回る金額で、球団の評価を物語っている。

「普通は試合に出なかったら、年俸が下がるじゃないですか。でも僕の場合はジョーカーという役割を担ったおかげで、逆にチームの評価、査定の面でも下がらなかった。『いることに価値があるから下がらないよ』という話でした。それで一軍で四〇〇〇万円。これ、単純に金額だけ考えれば良くないですか？　でも、僕が望んでいたのはそうではなくて、『一〇億円プレイヤー』と小学生の頃に書いたとおりです。レギュラーでバンバン試合に出て、という気持ちの自分がいたわけですよね」

広島に不可欠なスーパーサブとなり、年俸四〇〇〇万円という平均以上の年俸を手にしている。遠征試合に出かける際は、新幹線のグリーン車という高待遇だ。普通に考えたら、恵まれた人生と言える。

だが、幼少時の自分はもっとはるかに大きな夢をめざしていたことに、ふと気づいた。当時を基準に考えると、現状の自身はあまりにも不甲斐ないのではないだろうか。

「試合に出られないのは自分にも非があるし、有無を言わさないくらいもっと力があればレギュラーとして使ってもらえる。まだ、自分にはそれがない。『もっともっとやらなければ』という葛藤があり、苛立ちを感じました。

子どもの頃からそういう思いでやってきたはずの人間が、出場しないままゲームが終わっても、『次、次、明日、明日』と切り替えがパッとできてしまっていたんです。その切り替えが、自分に対して腑に落ちなくて。『お前、何を考えているの？　今日も試合に出られんかったな。出られない状況をつくっているのはお前自身やで。使っているのは監督さんかもしれんけれども、そういう起用をさせたのは自分だから、何をアホなこと考えているのや』って、自分に対しての苛立ちが抑えられなくなっていったんです」

自問自答するなかで気づいた。プロ入りしてから一三年をすごし、三五歳になった自分は今から変わっていかなければいけない——。

そのとき木村の手中には、まだ行使していないFAの権利があった。

プロ野球選手の賞味期限

二連覇を狙うソフトバンクと、一四年ぶりの日本一をめざしたヤクルトが二〇一五年の日本シリーズで激突している頃、木村はシーズンオフの身の振り方を熟考した。

「FA権がなければ『よっしゃ、来年こそは』と思えたかもしれないですけど、あったものだから、FAありきで考えてしまいますよね。いろんなことを考えました」

丸佳浩と菊池涼介が一、二番として打線を牽引し、田中もルーキーイヤーから攻守に高い能力を見せるなど、すでにリーグ制覇を狙えるだけの戦力がチームには整っている。もし自分が移籍した翌年に優勝したら、後悔するだろうか。「せんな」と思った。チームのことより、自分のやりたいことを考えたほうがいい。

プロで一三年間すごしてきた自分はまだ、レギュラーとしてフルシーズンをプレーしたことがない。シーズンの半分に出て打率三割二分五厘を記録したことはあるが、はたして一年間出つづけたら、どれくらいの数字を残せるのだろうか。その答えは……わからなかった。

「知りたいじゃないですか。それでFAして、ああいうことになりました。『身の程知らず』とか書かれましたけど、そうなんですよ。（他球団の評価を）知らないから、知りたかったんですよ、まずは」

広島に残ったら、翌年も出場機会は限定されるだろう。セカンドには菊池、ショートには田中がいて、スタメンで出られる可能性があるポジションはサードか。だが、中日を契約満了となるエクトル・ルナが加入しそうだと伝え聞いた。MLBで七年間プレーした実績をひっさげて来日し、NPBでも三年間で打率三割以上を二度記録している好打者だ。もし広島に残っても、自身の置かれる立場は想像がついた。

「出れへんやんって、丸わかりじゃないですか。ケガするかもしれないですよ。でも、それって完全にたられればの話です。またケガを待つの？　また待って、また待って、また待ってでは、俺、終わっていくと思ったんです。だって選手には賞味期限があるじゃないですか。僕は今でも元気ですけど、『やっぱり三〇歳を超えているから』って球団は判断するでしょう。僕と同じ力がある二五歳と、三五歳の僕、どっちを選びますかと言えば、明らかに二五歳を選びますよね。

今年もチャンスを待たなあかん、来年も待たなあかんとなるのであれば、FAを宣言して、レギュラー争いの機会を求めにいきたいですよね。(シーズンの)最初から勝負しにいけるなら、負けても仕方がないというか。でも勝負さえさせてもらってないのに、待って、待って、待って、待って……。知りたかった。勝負してダメだったら、納得いきますよね？　でも、勝負もせずに……。それは自分の能力がないから仕方のない部分もあるけど、『他はちがう評価をしている』となれば、『じゃあ』とならないですか。それが、他の球団の話を聞きたいと思った理由です」

ソフトバンクが二年連続七度目の日本一に輝いた一一日後の一一月一〇日、木村はレギュラー争いをできる環境を求めてFA宣言した。

しかし、獲得に名乗り出る球団は現れなかった。そのまま広島を自由契約となり、翌年二月五日、テスト生として春季キャンプに参加した西武と契約を結んでいる。

はたから見れば、これまでずっと控えだった選手がFA権を行使するのは、「身の程知らず」と映るかもしれない。

だが木村自身は、広島から新天地を求めて良かったと心底思っている。それまで一三年すごしてきたセ・リーグからパ・リーグに移り、両者のちがいを肌で感じることができたからだ。

「外から見ているのとは全然ちがいました。こういう野球もあるんやと、すごく勉強になりました。自分の人生にすごく厚みが増したと感じます。稀代のスラッガーの中村剛也がいて、ヒットマンの秋山翔吾がいて、浅村（栄斗）もいて、怪獣のようにすごい森友哉《もりともや》もいて、栗山《くりやま》（巧《たくみ》）もいて。そこにいるだけで楽しかったですから。そんなことは、FAをしなかったら味わえなかった。もちろん成績うんぬんも大事ですけど、そういうところで人間って成長していくと思います。結果が良かった、悪かったは仕方がないことですから」

FAでの移籍にはならなかったが、テスト入団した西武で充実した時間をすごせたことは、晴れやかに語る表情がよく物語っていた。

成績としては、一年目の二〇一六年は三八試合に出場。六月まで多くのプレー機会を得るなか、右膝前十字靭帯を断裂して以降を棒に振った。二〇一七年は育成選手としてスタートして六月に支配下登録されたが、三試合出場に終わり、シーズン終了後に戦力外通告を受けた。現役続行を望んで参加した一二球団合同トライアウトではNPBの球団から声はかからなかったものの、その身体能力に惚れ込んだクリケット界からスカウトされ、現在は第二の人生で新たな夢を追いかけている。

周囲からすれば、FA宣言して広島を出た選択は無謀に映るだろう。第三者が客観的に成績だけを眺めれば、その挑戦は失敗だったと言われるかもしれない。

しかし木村本人は、微塵《みじん》も後悔していない。FA制度は自分にとってどういうものかと突き詰め、より幸せになれる働き場を求めた。結果、FA宣言して良かったと心から思い、一五年間のプロ野球人生に終止符を打った。

FA宣言は〝踏み絵〟と同じ

「クリケットはワールドワイドなスポーツなんですよ」

多くの若者たちがおしゃべりを楽しんでいるカフェで、木村は目を輝かせながら今の夢を語った。

クリケットは日本ではマイナー競技だが、英国やイギリス連邦諸国では絶大な人気を誇っている。世界最高峰のインディアン・プレミアリーグでは年俸三〇億円を稼ぐ者もいるほどだ。木村はその世界で成り上がることをめざし、オーストラリアやスリランカに渡ってプレーしてきた。

自らの決断で道を切り開いている途上の今、改めてプロ野球の世界を振り返ると、選手の立場の弱さを感じる。象徴的なのが、選手のためにつくられたはずのFA制度だ。

「カープでFA権を持っている数人の選手から、『聞いてもらっていいですか』って電話がかかってきました。その選手は『使います』と言っていたけど、結局残りましたね。残留を選んだ選手でも、悩んでいるんですよ。決断の理由には家庭環境もあるし、奥さんが関東出身とかもある。一概にこうという模範解答はないですね。僕が一番言いたいのは、FAは選手のための権利だから、選手が気持ちよくプレーできるような環境、システムをつくってほしいということです」

過去にFA権を行使して他球団に移籍した選手が、ファンから嫌がらせやバッシングを受けるケースがたびたび起こってきた。例えば二〇一八年シーズンオフにFA権を行使して広島から巨人に移籍した丸は、理髪店を営む実家に無言電話を数多くかけられ、広島の球団事務所にはカミソリが送りつけられたと報じられた（「週刊新潮」二〇一九年一月三・一〇日号）。移籍先が巨人だったこともあり、ファン心理とすれば、愛情が憎悪に一転したのだろう。

プロスポーツではライバルチームへの移籍は起こり得ることで、前所属球団のファンから激しいブーイングを浴びせられるのは仕方ない部分もある。だが、一線を越える行動は許されることではない。

問題は、なぜ、悪質な嫌がらせが何度も起きるのかということだ。

その大きな原因として、選手にＦＡを「宣言」させる仕組みがあると木村は指摘する。

「宣言するのは、選手にとって〝踏み絵〟です。去年（二〇一八年）だったら丸、浅村が形として、自チームに仇をなしたという話になるじゃないですか。でも、それはちがう。宣言という制度があるがゆえに、丸の家にカミソリが送られてくるとかいう事態が起きてしまうわけです。

入団するときに契約をかわし、トレードされる可能性があることも踏まえると、選手は球団の持ち物でもあると思うんですよ。そういう世界でも活躍していけば、制度として選手に初めて認められる権利がＦＡじゃないですか。となれば、僕は自動行使にしてほしい。そうじゃないと、一番損をするのは選手ですから。ご褒美でいただいたのに、ファンから恨み、つらみを投げかけられるなんて、どう考えてもおかしくないですか」

個人的には、私も自動ＦＡに賛成だ。ところが現在の選手会には、所属先をなくすリスクを懸念し現状維持でいいとする声が多いという。実際、ＦＡ宣言後に自由契約となった木村は、このデメリットをどう考えているのだろうか。

「正直、状態が下向きのときにＦＡ権を獲得して自動ＦＡになると、どこも契約してくれないリスクはあるから、一概に自動行使がいいとは言えないかもしれない。でも、『選手のための権利』ということを大前提に置いてほしい。選手のための権利なら、選手のためのシステムにしないといけない。球団のためのシステムではなく、球団が選手会に認めた権利です。球団と選手はどっちが上とかではなくて、どっちも大事じゃないですか。どうしても日本では球団が上で、選手が下にいる。雇われる側と雇う側という意味では仕方がないです。でも、お互いの権利を尊重しないといけない。ＦＡは〝ご褒美〟のようなものだと思いますが、それを制度的に認めるのであれば、自動行使にして選手ファーストとなる形にしてほしいと思います」

ＭＬＢに代理人が存在する理由

レコーダーの録音時間に目をやると、インタビューを始めてから一時間以上が経過していた。木村の話を聞きながら、じつに雄弁であることに驚かされた。視点をさまざまな立場に置き換えながら、主観と客観を使い分けて語る内容には強い説得力がある。

例えば毎年球団とおこなう契約更改について、それぞれの立場を踏まえてこう話した。

「球団のトップと話すなかで、やっぱり選手側が弱いんですよね。契約更改でも、その年に全然活躍していなかったら、『はい。この額な。気に入らんのか？　じゃあもう来年、プレーしなくていいぞ』っていう感じなので。交渉ってそういうもの？　って思いますよね。確かに向こうはいい大人の方だし、こっちの多くは高卒でクソガキじゃないですか。だからそうなるんですけど、契約更改って交渉なので、一人の大人として話し合いをできるような場が必要というか。

選手会側も、選手にそういう教育をしないといけないと思います。しゃべるヤツばかりじゃないので。正直、アホばかりですよ（苦笑）。選手会が交渉術として教育してもいいと思います。だって、選手は野球のことしか知らないから」

大阪出身の木村は、「口がたつほう」と自認している。そんな特性を活かして、球団との契約交渉では相手の過去の発言も踏まえつつ、「あのとき、こう言ってましたよね。その点はどう反映されましたか」など、しっかり主張してきたという。

だが、木村のようなタイプの選手は決して多くない。ましてや契約更改の場は、選手は基本的に一人で臨むのに対し、テーブルの向こうには球団代表や本部長、査定担当者など頭の切れる者たちが複数で座っている。

昔ながらの構造として、プロ野球では球団と選手が対等に交渉できる環境にないのだ。

「だからこそ、アメリカだと代理人がいるわけじゃないですか」

木村は理路整然と指摘すると、選手視点でこう続けた。

「正直、『僕、今年ホームランを三〇本打ったんで』とか言いにくいですよ。角が立つし。球団からすれば、『今年一年の成績で、何を偉そうに言うてんねん』となる。だからアメリカでは、代理人がそういうカバーをしてくれるんだと思います。ただ、日本にはその文化がない。これが一番困るところで。アメリカからFAとか同じようなものを部分的に持ってきても、文化がちがうので、一概に制度まで一緒にはできないところがある。そこが難しいところだと思います。

だから、日本独自のFA制度があってもいいのではと。例えば自動行使だけど、最初に交渉する権利はまず所属球団に持たせておく。もしかしたらFAをとった年でクビになる選手もいるかもしれないけど、それも仕方ないですよね。他に手を挙げる球団が現れるかもしれないですし」

NPBはFA制度の導入を検討した際、MLBで先に誕生した同制度を参考にしたものの、取得年数や宣言制度という日本独特の〝しきたり〟など、選手にとって「使いにくい」形で設計した。市場の原則とされる「労使の対等」が日本球界では極めて薄く、選手たちはさまざまに不利を被っている。

そこで選手会は、一九八五年に労働組合として登記されて以来、FA制度の導入に加え、代理人交渉を要求してきた。二〇〇〇年から制度として認められたが、球団によっては受け入れを拒んだり、露骨に嫌がったりするところもあるなど、実際にはなかなかうまく活用されていない。

代理人の活用で大きなハードルとして立ちはだかるのが、その資格条件だ。NPBは以下の三つの条件を規定している。

（一）弁護士法（昭和二十四年法律第二百五号）の規定による弁護士
（二）米国大リーグ選手会の規約に基づきエージェントとして登録された者（ただし、米国大リーグ選手会の規約に定める「General Certification」を得ている者に限る）
（三）選手会が実施する選手代理人資格検定試験に合格した者（法人その他の団体を除く）

MLBでは選手会に公認されれば誰でも代理人になれるのに対し、NPBでは原則的に日本人弁護士に限られる。弁護士は法律のプロである一方、野球の専門家ではない。査定項目について交渉する際、内容を選手に聞かなければわからないケースもある。

しかも、NPBでは「一人の代理人が複数の選手と契約すること」を禁止している。これでは金銭面のメリットが少なく、代理人としての活動を弁護士稼業の中心には置きにくい構造となっている。「弁護士ドットコム」の記事「プロ野球『代理人』の利用進まず、露骨に嫌がる球団も？　一発更改当たり前の異常さ」によると、代理人を活用する選手の数は毎年一〇〜二〇人で、割合にすれば全体（約八〇〇人）の二％にすぎない。

ＦＡ制度と同様、代理人制度も球団有利に設計されており、選手にとって「使いにくい」形となっているのだ。

三八歳、社会人一年目の〝元プロ野球選手〟

プロ野球はなぜ、これほど選手が不利な立場に置かれているのだろうか。木村は球界を後にしてから、改めて気づいたことがあるという。選手自身の意識の問題だ。

強くそう感じるようになったのは、木村の現在の立場に関係している。プロクリケット選手に転身し、もう一つの肩書きを持った。「代表取締役」だ。株式会社ライジング・ウィローを設立し、まずは自身のマネジメント業を中心に手掛けている。

「僕は一昨年（二〇一七年）にクビになった後もアスリートとして活動を続けていますけど、世間に出たという意味で言えば、正直、社会人一年目くらいの感覚です。会社をつくったあと、お金がどう生まれるとか、社会の仕組みを去年から勉強しはじめたようなものです。

今までは、野球をやっていればお金がくるというシンプルな話でした。野球教室をやれば二時間で五万円、一〇万円が入ってくる。普通はありえない金額ですよね。実はそこにはスポンサーがいるんだとか、その一〇万円がどうやって生み出されているかを選手はほぼほぼわかっていない。僕は選手時代からそういうことを考えていたので、ある程度は見たり、聞いたりしましたけど、実際に自分で会社をやることで『なるほどな』と感じることがたくさんありました」

木村が会社の経営者になってから感じたことは、くしくも日本ハムの元球団代表である小嶋が指摘していた話と通じている。選手たちは自分の年俸がどういう流れで生まれているのか、もっと意識的になるべきだということだ。

逆に言えば、選手たちは野球に打ち込む一方で、世の中の仕組みに疎《うと》いあまり、損を強いられている場合がある。木村は経営者の立場になった今、プロ野球における労使の〝不平等〟を改めて感じている。

「僕みたいにプロで一五年やった人間が三八歳くらいで初めて知ることを、球団の経営をされている方は大卒からずっとやっている。そうやって五〇歳くらいになった方々と選手が交渉して、勝てるわけがないじゃないですか。経営とかお金とか契約に関して、向こうはプロ。僕らは野球をやるプロであって、お金や契約のプロではない。どう考えても勝てません。だから球団からボンと出された条件に文句も言わず呑んでしまうのは、ある意味仕方ないと思います。でも弁護士や代理人がいれば対等に話をできるので、そういう制度がないとダメだと思う。

プロとプロの交渉としてもっとうまくいくように、選手会がもっと考えないといけないですよね。例えば選手会事務局が選手たちからいくらかを徴収して、選手たちにしゃべったり、交渉したりする教育をしていく。選手たちを守るために、選手会事務局が『こちらで全部やらせてもらいます』と代理人をつけるとか、そういうことをしてもいいと思います。選手会もオーナー側とケンカしたいわけではなく、仲良くしていきたいわけです。選手会とオーナー側がケンカするとまたストライキを起こす可能性だって出てきてしまうので、うまくやっていかないといけない」

大阪出身で弁の立つ木村は、球界の根本に潜む問題を次々と指摘した。ここまでの話からもわかるように、ＦＡ制度が導入当初から現在まで「使いにくい」理由は、ＮＰＢの構造的な問題と深い関係がある。もっと多くの選手がこの点に意識的にならないと、ＦＡや代理人など球団有利に設計されている制度はいつまでも変わらないだろう。逆に選手たちの意識が変われば、自分たちにとってより幸せな働き場をつくっていくことができるかもしれない。

インタビューの最後、木村は当時一カ月ほど前から世間を騒がせていた問題を例にとり、プロ野球の変化に期待を寄せた。

「選手たちが声を挙げていけば、変わっていくかもしれません。時代も変わっているわけじゃないですか。吉本興業でも（コーポレートガバナンスの問題で）経営者が叩かれました。あの吉本さんでもそうなっているということは、経営者と従業員の関係を考え直さないといけんのちゃうのと。プロ野球界でも同じようなところがあるので、いろいろ考え直すにはいいタイミングになっているのかなという気がします」

取材後、しばしの雑談を終えると、木村はＪＲ立川駅の改札まで見送りにきてくれた。翌日栃木県佐野市で開催されるクリケットの試合のため、これから車で向かって前泊するという。宿泊費用は自腹になるが、試合で少しでも高いパフォーマンスを発揮するためにそうしているそうだ。プロのアスリートは、陰での自己投資を成長に結びつけているものである。

一見、バットとボールを使っておこなう野球とクリケットは似ているように見えるが、両者には打ち方のちがいがあり、野球で身についた習性がクリケットではマイナスに働く部分もある。そこが簡単ではないと木村は話した。ただし、だからこそ挑戦しがいがある、と。

現在も自らの手で道を切り開こうとしている男は、立川駅の改札の前で爽やかな笑顔を見せると、自分の目的地に向かっていった。

第5章　いま進むべきFA改革への道
——団野村の証言

野茂英雄の道を切り開いた男

東京都港区の一等地に約七万九〇〇〇坪もの面積で広がる青山霊園は、一八七四年に開園された。明治維新「三傑」の一人である大久保利通や、一九六〇年に総理大臣に就任して「所得倍増計画」を実行した池田勇人、「小説の神様」と言われる志賀直哉など、日本の歴史にその名を刻んだ偉人たちがこの地で永遠の眠りについている。

夏の猛暑が少しずつ和らいできた二〇一九年九月上旬、私は青山霊園のすぐそばにあるスポーツマネジメント会社を訪れた。プロ野球に関わるなかでもっとも有名な代理人であり、おそらく世間に名前が通っている唯一の日本人エージェントが事務所を構えているからだ。

野村沙知代《さちよ》の息子で、野村克也を継父に持つ、団野村《だんのむら》である。

沙知代とユダヤ系アメリカ人の父親との間に生まれた団は、日本でアメリカンスクールを卒業後、アメリカの大学に二年間通ってから帰国し、ヤクルトに入団して四年間プレーした。現役引退後に渡米し、一九九二年にマック鈴木（元マリナーズなど）と出会ったことをきっかけにエージェントとしての活動を始めている。

ＦＡ制度についての取材を始めようと考えた当初から、団の名は取材候補に挙げていた。

日米の野球界にもっとも精通していると思われる男の目に、はたして日本のFA制度はどのように映っているのだろうか。MLBと比較することで、NPBの問題点があぶり出されるのではないかと考えた。

取材には、いつも不思議な縁のようなものがある。

FA制度の成り立ちや問題点についての取材がちょうどひと段落した頃、「スポーツナビ」から仕事依頼のメールが届いた。「代理人・団野村」の功績について掘り下げる企画をシーズンオフに向けて進めており、インタビューをしないかという内容だった。その足跡を振り返る作業は必然的にFA制度のあり方やポスティングシステムの功罪を見つめ直すことにつながるはずで、二つ返事で引き受けた。

団の名が世の中に広く知れ渡ったのは、FA制度が導入された後に成立した二つの移籍だった。図らずも日本ハムの元球団代表の小嶋武士が懸念していたように、これらの移籍においてはNPBの規定の〝不備〟が露呈される格好となった。

最初の移籍は一九九四年シーズンオフ、近鉄の野茂英雄によるものだった。ルーキーイヤーから四年連続最多勝を獲得したこの右腕投手は同年開幕前、「メジャーでプレーしたい」という夢を知り合ったばかりの団に伝えている。この年に二六歳になったばかりの野茂は、FA権を取得するまでには最低でもあと六年を要する。どうすれば、いち早く夢をかなえられるだろうか。思案する団の脳裏に浮かんだのが、「**任意引退選手**」という選択肢だった。

任意引退選手はNPB独自の規定で、引退後も選手の保留権は最終所属球団に残るというものだ。選手は現役復帰する場合、自由に移籍先を探すことはできない。しかしMLBにそうしたルールはなく、引退した選手は「フリーエージェント」の扱いになる。団は日米のコミッショナー事務局に確認すると、NPBのコミッショナーから「日本の任意引退選手という扱いで、海外ではプレー可能」という解釈を書面で得た。

近鉄から任意引退になれば、メジャーへの道が開ける――。

そこで野茂はFA権を取得する六年後まで、総額二四億円の複数年契約を求めた。これほどの大型契約は日本で前例がなく、近鉄は拒むにちがいないと団は予想したのだ。思惑どおりに近鉄は「単年契約しか応じられない」と突き返す。それでも野茂が複数年契約にこだわると、近鉄は「契約しないと任意引退にする」と脅しをかけてきた。これに野茂は素直に応じ、翌日、近鉄はその先にある狙いをようやく理解した。

野茂と団にすれば、あくまでルールに則っておこなった話だ。

しかし前代未聞のやり方に、多くの日本人が露骨に拒否反応を示した。球団、選手会、評論家、マスコミなどすべての野球関係者が、野茂と団に大バッシングを浴びせたのである。

「誰一人として、『アメリカに行って頑張れ』という声はなかったですね。『何やってるんだよ』『バカじゃないの？』というのが始まりでした。周りの友だちも結構いなくなりましたね。結局、その人たちは友だちじゃなかったんでしょうけど」

一九九五年、大騒動の末にドジャース入団を果たした野茂はトルネード投法で全米に旋風を巻き起こし、ダーティーなイメージを自らの腕で払拭する。対して、代理人の団には「悪者」のイメージが残ったままだった。

そして翌年、団に対する世間のネガティブな印象は一層強くなる。

彼のクライアントであるロッテの伊良部秀輝が、ヤンキース移籍をぶち上げたのである。

伊良部秀輝が貫いた意思

一九八七年ドラフト一位で尽誠学園高校からロッテに入団した伊良部は、一九九三年に日本最速となる球速一五八キロを記録すると、翌年には最多勝と最多奪三振に輝いた。一九九五年から二年連続で最優秀防御率のタイトルを獲得し、一九九六年シーズンオフ、MLBへの移籍希望を表明する。しかも、子どもの頃から憧れているヤンキースに入団したいという意思を明らかにした。

FA権を取得するには出場登録日数が足りないなかでの移籍希望だったが、ロッテは「トレードなら」という条件つきで許可した。ＧＭの広岡達朗《ひろおかたつろう》との関係がそれほど悪化し、もはや修復不能となっていたからだ。

「好きな球団に行かせてあげるから」

一九九六年一二月末、ロッテは代理人の団に対してそう伝えている。

しかし年明け一月に両者が都内のホテルで話し合いの場を持つと、「行き先を決めたから」と団は一方的に告げられた。ロッテが球団提携しているサンディエゴ・パドレスと、伊良部の保有権を譲渡する契約を交わしたというのだ。パドレスは投手のシェーン・デニスと外野手のジェイソン・トンプソンをトレード要員として用意した。

この決定に、伊良部と団は猛反発した。一九六七年に日米のコミッショナー間で結ばれた紳士協定に両国でのトレードに関する規定はなく、選手に無断で契約を結ぶことは違反行為に当たるからだ。

そもそもロッテとパドレスによるトレードは、法的な根拠から外れるものだと団は指摘する。

「トレードの根本的な思想は、契約書をトレードするということです。例えば僕が持っている僕の契約書を、ヤクルトから阪神へ球団間で移すのがトレード。身柄を移すわけではありません。身柄は後でついてくる。あくまでも契約書の交換ですからね。そもそもトレードが認められるのは、同じ業界の契約書を入れ替えるという前提があってのことです。日本の野球協約とアメリカの野球協約は同じ業界のものではないので、契約書のトレードは成り立たないわけです」

ＮＰＢの全選手は入団時に統一契約書にサインしており、国内の球団間ならトレードが成立する。対してＭＬＢにも統一契約書は存在するが、ＮＰＢとは異なる内容であり、さらに選手ごとに細かい契約条件の付記事項がつけられている。規定がちがう両リーグの間で、そもそも選手のトレードは想定されていないのだ。

結局、ロッテ、パドレス、ヤンキースの交渉はＭＬＢの選手会やコミッショナーも巻き込む事態となり、一九九七年五月、三角トレードという形で決着した。パドレスはすでに同年開幕前、ロッテに〝トレード〟で前述した二選手を移籍させており、一方的に損を被らせないためにＭＬＢのコミッショナーは超法規的措置を下した。話し合いの結果、伊良部と内野手のホーマー・ブッシュをトレードに出したパドレスは、三〇〇万ドル（当時のレートで四～五億円）の補償金に加え、メジャーリーグクラスの二選手をヤンキースから獲得することになったのだ。

三角トレードという形にするにはパドレスからヤンキースへのトレードを成立させる必要があり、伊良部は一度パドレス入団の契約書にサインを求められた。あくまで形式的なものだ。だが、伊良部はこれを拒否する。パドレスとの契約書に署名すると、自分が大切にしてきたものが失われるからだ。代理人の団が代弁する。

「選手の意思がない契約なので、『パドレスとは契約しない』と伝えました。それで揉めて時間がかかりましたが、最終的には『意思はない』ことを書面にして契約書に一応サインをしました。選手の意思はそれくらい大事だと思います。選手の意思が無視されれば、人身売買になりますから」

保留制度の恐ろしさ

前代未聞の騒動となった末、野茂、伊良部ともに初志貫徹し、希望どおりに海を渡ることができた。そうして野茂が日本人選手たちにＭＬＢへの道を開拓し、伊良部は紆余曲折ありながらも日本人選手で初めてＭＬＢのチャンピオンリングを手に入れた。

その裏で、代理人として大きな仕事を果たしていたのが団だった。陰で尽力した団の存在がなかったら、日本の野球の歴史は異なるものになっていたと言っても過言ではない。

日本球界では昔も今も「代理人」という存在は一般的でなく、団には〝悪者〟のイメージがついて回る。それでも汚れ役を引き受けるのは、選手の意思を最優先するためだ。

クライアントの選手と初めて面会する際、団はまず相手の意思の強さを確認する。野茂は初めて会った頃から、メジャーでプレーするという気持ちが強かった。近鉄を任意引退となり、日本中を敵に回して四面楚歌になってもまるでブレなかった。

「当時、二人でいろんな話をしました。例えばなんでプロゴルファーやプロテニス選手はアメリカに行って好きにプレーできたり、大会に出られたりするのに、プロ野球選手はそうではないのか。アメリカではなんであんなにたくさんの給料をもらえて、契約条件もいいのか。アメリカと日本の差、選手会の差、補償の差を説明したら、野茂さんは『アメリカはすごいですね。そういうところでやりたい』と、思いがどんどん固まっていきました」

テニスやゴルフのプロ選手は自分でエントリーする大会を選ぶことができるのに対し、なぜ、プロ野球選手は所属球団を選択できないのか。この本質的な理由を理解している選手は極めて限られるだろう。団は日本人選手と話すたび、そう痛感している。

「選手はまず、保留制度の恐ろしさを理解しないといけないですね」

静かに語る口調から、逆に言葉の重みを感じさせられる。

すかさず団が例に出したのは、先日会ったばかりだというプロ野球選手との会話だった。

「統一契約書にサインしたら、FAで海外に行くまで九年かかりますよ。国内は七年です。ポスティングでの移籍は球団の許可がないとできません」

「僕は今二五歳だから、九年だと三四歳ですね」

「それは順調にいったらの話です。あと三日の出場登録で九年になるというときに、『きみ、二軍に行きなさい』と五月に二軍に落とされて、それから二軍で一シーズンすごしたら、海外に行けるのはもう一年かかって三五歳になっちゃいますよ」

「そんなことできるんですか？」

「できますよ」

短い会話を淡々と再現した団は、細めた目で私を捉えた。

「保留制度にはそういう恐ろしさがあるわけです。球団がやるか、やらないかは別ですよ。でも、そういうことができると契約書に書いてある。日本のプロ野球はそれをまず正していかないと、何も変わっていかないですよ」

保留制度の下では、団が語ったようにたとえ理不尽な登録抹消をされても、選手はただ従うしかない。それが「保留制度の恐ろしさ」だ。

〝プロ野球村〟の構造問題

一九五七年生まれの団は、二〇二〇年に六三歳を迎えた。白髪と口周りに蓄えられた白い髭、優しい目と顔に刻まれた皺が、独特な存在感を醸し出している。日米でタフな交渉を繰り返してきた男の言葉には、強い意思が込められているように感じられた。

「どの選手に聞いても、統一契約書や野球協約を読んだことがないと言います。特に統一契約書なんて一顧だにしていない。読んでも意味がわからないですから。クライアントの選手には、僕たちが代わりに内容を説明します。でも、みんなすでにプロ契約している選手ばかりなので、もう契約内容は変えられないんですよね」

NPBでは入団する際に統一契約書にサインしたら、ユニフォームを脱ぐまで保留制度が適用される。しかも前述したように任意引退となれば、ユニフォームを脱いだ後も球団の拘束力が続く。それが〝プロ野球村〟の契約システムの「恐ろしさ」だ。

加えて、野球界全体の構造的な問題もある。ほとんどのアマチュア選手がそうした仕組みに無自覚なままプロの世界に足を踏み入れ、保留制度を当たり前に受け入れてしまっているのには理由がある。

「壁がありますからね」

団が冗談めかして言うように、日本の野球界には長らく「プロアマの壁」が存在する。

一九六〇年代前半に近鉄が土井正博（大鉄高校）、東映フライヤーズが尾崎行雄《おざきゆきお》（浪商高校）という有望高校球児を中退させて引き抜き、さらに中日が社会人野球との協定を破って日本生命の柳川福三《やながわふくぞう》を入団させる事件が勃発した。これらにアマチュア側が激怒し、プロとの関係断絶を表明して「壁」ができた。現在までにプロアマ間の制約は大幅に緩和されたものの、依然、両者の交流は限られている。

さらに言えば、日本の学校ではお金に対する教育機会が少ない。とりわけアマチュアスポーツで〝カネ〟の話はタブー視されてきた。学生野球憲章では選手やチームの商業利用が禁止されており、高校野球の甲子園大会はテレビ放映権料を受け取っていないほどだ。そうした環境で育ってプロ入りする選手の大半が、球団に提示された条件をそのまま受け入れてサインする。

一方、アメリカのアマチュア選手はそうではない。日米のちがいを団が説明する。

「アメリカでプロをめざしている子って、みんなMLBのルールを知っているんですよ。ドラフト一位は契約金をいくらもらえるのか、何年でFAになるのか、FAで契約したらいくらもらえるのか、二軍の給料はいくらなのか。そうした基本的なことから、そのほかにもいろんな知識を持っています。

でも日本の高校生、もしくはプロに入った選手に統一契約書の中身を知っているかと聞いても、誰も知らないんです。高校の監督もわかっていないし、その中身を教えてくれる人もいない」

ＭＬＢではルーキードラフトで指名されても、契約条件に合意せず、入団を見送る選手も少なくない。アマチュアの頃から代理人がついている場合もある。

対してＮＰＢでは、ほぼすべての選手が親や在籍チームの監督に相談するだけで契約を結んでいく。もちろん、本人の希望どおりの条件ならこの上ない話だ。ただし、例えば若いうちにメジャーリーグに挑戦したいと考えている場合、ポスティングシステムでの移籍を認めない球団には入団しないという決断を下してもいい。そして翌年のドラフトで、同制度を許可する球団の指名を待つという選択肢も考えられる。

しかし、現実としてそうした選手はまずいない。

「本当はそういう選択肢も考えられるように、我々みたいな代理人がいます。でも、そういう存在は球団にとっては面倒くさい。そういうのが入ってくるとルールが変わってしまう、年俸が上がってしまうからと、排除したがるわけです」

かくして〝プロ野球村〟は、ほぼすべての制度が球団有利に設計されている。

ＭＬＢとＮＰＢ、歴史と文化のちがい

選手たちが声を挙げて勝ち取ったＦＡ制度が導入され、四半世紀が経過した。しかし、当

初の目的とされた「移籍の活性化」はほとんど実現されていない。

はたして、団の目にはどう映っているのだろうか。

「いやあ……」そう言ってしばし考え込むと、じっくりと説明を始めた。

「歴史があるんですよね。それと文化の問題。そういうのが全部絡んでこういう制度になったと思います。NPBの歴史の一つとしてあるのは、MLBの保留制度をそのまま導入していたんです。球団は選手と永遠に再契約できるというシステムです。名目は戦力均衡や平等とかありますけど、実際は労働者を安く使うための手段なんですね。映画界の歴史を見ると非常に似ています。昔はハリウッドスターを何年も保有して映画にどんどん出させていた。労働賃金を安く抑えるために、長期保有権というものを使っていたわけです。おそらくその前には奴隷制度があった。日本も歴史を見ると江戸時代の士農工商があるじゃないですか。〝そこ〟に入ったら、〝そこ〟から出られない。そういう歴史が背景にあるのかな。

アメリカの場合、一九六〇年代にマービン・ミラーさんという鉱山労働者の代理をしていた方が野球界に入ってきて、選手界を動かした。経営者がこれだけ稼いでいるのに、稼いでいる分が選手に平等に分配されていないと。それは日本も一緒ですけどね。日本とアメリカで何がちがうかと言えば、選手会です。日本の選手会はまったく何もしていない。選手がわかっていないんですよね。選手に対して教える機関もないし。これはプロ野球だけではなく、アマチュアの高校野球も少年野球も全部含めてそうです。『〝ここ〟に入ったら、お前はずっと〝ここ〟にいるんだよ』という歴史的な〝暗黙の了解〟があるから、それに対して誰も疑問視しないでずっと今まできているわけです」

人間が歴史や文化を大切に受け継いでいくのは、それらが現在に至るまでの世界を形づくってきたからだ。同時に歴史や文化は、未来への方向性を示すヒントになっていく。そうした視点を持つと、団の指摘する日米の球界のちがいをよく理解できるだろう。

例えば二〇二〇年に感染拡大した新型コロナウイルスの影響でシーズン開幕が遅れた際、日米の選手会の動きは対照的だった。ＭＬＢでは試合数や年俸削減の割合に関して選手会が経営陣と早々に交渉を始めたのに対し、ＮＰＢでは球団主導で次々と決定されていった。

三月から日本国内で新型コロナウイルスの感染拡大が深刻化するなか、プロ野球選手会と機構側が初めて事務折衝の機会を持ったのは開幕一八日前の六月一日。すでにその時点で、機構側によって開幕日や年間試合数は発表されていた。選手会は四月から話し合いの機会を書類で求めてきたが、機構側は「まだ球団間の意見がまとまっていない」と対応を後回しにした。それに対し、選手会は交渉の機会を待つだけだった。

二〇二〇年シーズンの年俸削減は「不慮の事態について野球協約に規定されていない」という理由で見送られたものの、出来高契約や、ＦＡにも影響する出場登録日数の扱いなどについて話し合われたのは六月一〇日、一六日の計三度のみだった。選手会が開幕戦のストライキという強硬な態度に出ることはないと、球団側ははなから見越していたにちがいない。

結局、出来高契約については球団と選手が改めて話し合う機会を持つことで合意する。ペナントレースの開催期間が例年の約一九〇日から約一四〇日に短縮されたことを踏まえ、二〇二〇年シーズンの登録日数は「実数×一・三」で算出することに決まった。選手会にとって〝当たり前〟の要求がギリギリの時期に認められた格好だが、そもそも開幕日や年間試合数は選手の意見も反映して決められるべきだった。

労使の対等性が日米のプロ野球で極端にちがうのは、団が言うように、それぞれの歴史や文化が大きく関係している。第1章で一九六九年にMLBでトレードを拒否したカート・フラッドの話を紹介したが、このとき一緒に戦ったのが、三年前にMLB選手会の会長に就任したマービン・ミラーだった。当時のMLBでは経営者の力が圧倒的に強かったが、ミラーは選手の地位を対等まで押し上げるべく活動し、最低年俸の増額やFA制度の導入などを勝ち取っている。こうした闘争の歴史を積み重ね、MLB選手会は「世界最強の労働組合」と言われるほどの力を蓄えていった。新型コロナウイルスの影響を受けた二〇二〇年シーズンについても収益における年俸の分配率などを巡り、妥協せずにオーナー側と争っている（MLBの闘争の歴史に関する詳細はマービン・ミラー著『FAへの死闘』を参照）。

かたやNPBでは、近年のプロ野球人気で売り上げを大きく伸ばす球団側に対し、選手会は収益増に応じて年俸に還元するよう数年前から求めている。球団側は細かい経営状況を明かしておらず、「(収益と年俸の配分関係が明らかになる)計算書を出してほしい」という選手会の要望にも応じていない。選手会は要求を実現させる次なる手を打てておらず、労使の対等性はMLBからほど遠いのが実情だ。

こうした歴史や文化のちがいを背景として、日米のFA制度は大きく異なる条件で運用されて現在に至っている。

不公平なポスティングシステム

過去、日本プロ野球選手会が球団側に強い意思を示すことで未来を変えた事例もある。もっともよく知られているのが、二〇〇四年の球界再編騒動だ。NPBの歴史上、初めて選手たちがストライキを打ち、オーナー側による一リーグ制に向けた動きを阻止した。

一方、団が野茂や伊良部とともに自由な移籍を求めて戦ったことがきっかけとなり、誕生した制度がある。一九九八年に「日米選手間契約に関する協定」が調印され、ポスティングシステムが成立したのだ。

ＭＬＢへの移籍を希望する選手の所属球団（ＮＰＢ）がシーズンオフの当該期間中に申請し、交渉権を獲得したいＭＬＢ球団は譲渡金を入札する。もっとも高い金額をつけた球団が独占交渉権を獲得できる制度だ。一九九七年にヤンキースに移籍した伊良部のケースで、一部の球団が独占的に交渉したことが問題視され、ＭＬＢの全三〇球団が平等に選手を獲得できるチャンスが設けられた。ＮＰＢの球団にとっては譲渡金を得られ、選手はＦＡ権を取得するより早く移籍できることがメリットとして挙げられる。

一九九八年から二〇一九年までの二二年間にポスティングシステムでＭＬＢに移籍した日本人選手は一八人だったのに対し、海外ＦＡ権を行使して移籍したのは三二人（土肥義弘は独立リーグのランカスター・バーンストーマーズと契約）。ただしポスティングシステムのルールが変更された二〇一三年以降、このトレンドは大きく変わっていく。左ページの図を見ればわかるように、多くの選手がポスティングによる移籍をめざすようになったのだ。

一見、ポスティングシステムは日本の球団、選手ともにメリットが大きいように感じられるが、問題点もある。入札にかけるかどうかはあくまでＮＰＢ球団の決定で、選手側に権利がないことだ。また、選手は入団先を自由に選ぶこともできない。

同制度誕生時に大反対したという団が、代理人の視点で解説する。

「もともとポスティングを導入する理由は、三〇球団が平等に当該選手と交渉できるように

**1998年から2019年までにポスティングシステムで
海外移籍した日本人選手は18人、
同時期に海外FA権を得て移籍した選手は32人**

ただし2013年以降は形勢逆転

ポスティング移籍が7人、海外FAは2人

ポスティング

田中将大《たなかまさひろ》［楽天→ヤンキース］2013年オフ
前田健太《まえだけんた》［広島→ドジャース］2015年オフ
大谷翔平《おおたにしょうへい》［日本ハム→エンゼルス］2017年オフ
牧田和久《まきたかずひさ》［西武→パドレス］2017年オフ
菊池雄星《きくちゆうせい》［西武→マリナーズ］2018年オフ
山口 俊《やまぐちしゅん》［巨人→ブルージェイズ］2019年オフ
筒香嘉智《つつごうよしとも》［DeNA→レイズ］2019年オフ

海外FA

平野佳寿《ひらのよしひさ》［オリックス→ダイヤモンドバックス］2017年オフ
秋山翔吾《あきやましょうご》［西武→レッズ］2019年オフ

というのが話のスタートでした。にもかかわらず、実際には交渉なしでのオークションとなり、高い値をつけたところだけが選手と交渉できるようになりました。一球団となれば独占交渉権だから、選手は足元を見られて思うような交渉はできないですよね。選手にはすごく不利な制度でした。日本の球団にしてみれば、メジャーに行かせてお金がいっぱい入るのだから、それでいい。そういう意味で言えば、プラスだったのかもしれません」

二〇〇〇年オフ、日本人選手で初めてポスティングにより移籍したイチロー（オリックス→マリナーズ）が一三一二万五〇〇〇ドル（当時のレートで約一四億四四〇〇万円）で入札されて以降、特に大物日本人投手の譲渡金は高騰した。二〇〇六年オフに西武からレッドソックスに移籍した松坂大輔は五一一一万一一一一ドル（同約六〇億円）、二〇一一年オフに日本ハムからレンジャーズに加入したダルビッシュ有は五一七〇万三四一一ドル（同約三八億七八〇〇万円）で入札されている。

当初の規定では入札金に上限はなく、豊富な資金力を誇る球団が有利だった。そうした事情もあり、二〇一三年に方式が見直される。譲渡金に二〇〇〇万ドルという上限が設けられ、支払う意思のある全球団が選手と入団交渉できるように変更された。二〇一八年から契約金、年俸、バイアウト（契約解除）額の総額を「トータル・ギャランティ・バリュー」とし、契約内容に応じて譲渡金が変動する仕組みになっている。

「選手の立場から見ると、多少フェアになったと思います」

そう話した団だが、今でもポスティングシステム自体に反対の立場をとっている。

「自分の意思で行けない時点で選手にとってアンフェアです。例えば同じ球団に五年間いれば、ポスティングの権利が生じるようにすればいい。そうすれば選手は五年目が終わったらポスティングにかけられるか、それ以前の年にポスティングを利用して日本の所属球団と複数年契約を結ぶこともできます。

今のシステムでは、選手がメジャーに本当に行きたいと思っていても、行かせてくれないんですよ。そういうことを知らずにみんなプロに入ってくる。ダルビッシュ、菊池雄星、松坂大輔たちがポスティングでメジャーに行けたんだからと思ってプロに入ってみたら、表から見える世界とじつは全然ちがっていたというのが多くの選手にとっての現状だと思います。そもそもＦＡ権の取得年数を短くすれば、ポスティングなんていらないわけですよ」

海外ＦＡ権を取得するより早くＭＬＢへの移籍を実現できるポスティングシステムだが、選手の希望を認めるか否かは、あくまで球団次第という点は大きな問題として残る。

例えば大谷翔平は日本ハムに背中を押される格好で同制度によりエンゼルスに移籍できたが、千賀《せんが》滉大《こうだい》の所属するソフトバンクはポスティングによる移籍を認めていない。ここ数年、千賀は契約更改のたびにポスティングでの移籍を訴えてきたが、「世界一」をめざす球団に自らエースを手放すつもりはなさそうだ。

二〇一〇年育成四位で入団して日本のトップクラスまで上り詰めた千賀が、海の向こうにある最高峰の舞台でいち早く腕を試したいと考えるのはある意味で当然だろう。ただしソフトバンクがポスティングによる移籍を認めないかぎり、二〇二〇年開幕時点で二七歳の千賀にとって、海外FA権を取得できるのは早くて二九歳となる二〇二二年だ。MLBのマウンドに立つときには、三〇歳になっていることになる。

大谷翔平の年俸が格安な背景

ポスティングシステムが球団主導の制度である以上、選手会としてはFA権を取得するための期間短縮を求めていくしかない。

「日本もアメリカも取得期間が長すぎると思います」

そう指摘した団が、試案を披露する。まずはMLBについてだ。

「アメリカの球団の人にも言いましたけど、FAの取得までは四年。(年俸)調停なし。それで八〇万ドルを設定年俸にしてしまう。四年に満たない人には八〇万ドルしか年俸を払わない」

六年のメジャー登録でFAになるMLBには、年俸調停という制度が存在する。FA制度が誕生する三年前の一九七三年、選手会長のミラーが導入への道筋をつけたものだ。

大雑把に説明すると、アクティブロースター（一軍登録枠）の登録日数が三シーズンに到達した選手は年俸調停の権利を得られる。球団との契約交渉が合意しなかった場合、期限までに申請すれば、第三者の公聴会によって翌シーズンの年俸が決定されるという制度だ。ただし、実際にこの権利を行使するケースは少なく、選手と球団の話し合いで双方が歩み寄る場合が多い。

エンゼルスに移籍した大谷の年俸が日本ハム時代の二億七〇〇〇万円（二〇一七年）より大幅に低くなっているのは、この制度と関係がある。調停の権利を得る前の選手は、球団から年俸を安く抑えられるのだ。

エンゼルス入団一年目の二〇一八年、大谷の年俸はメジャー最低額の五四万五〇〇〇ドル（当時のレートで約六一〇〇万円）だった。続く二〇一九年は六五万ドル（同約七二〇〇万円）、翌年は七〇万ドル（同約七七〇〇万円）。「二刀流」と注目された活躍に見合った金額とはとても言えない。

だが、三年目の二〇二〇年で登録日数をクリアすれば、翌シーズンには大幅アップすることが確実視されている。ちなみに同僚のマイク・トラウトは三年目（二〇一四年）の年俸が一〇〇万ドルだったが、同年シーズン終了後、六年総額一億四四五〇万ドル（同約一四八億円）という大型契約を結んだ。大谷も同程度のアップになると予想する声もある。

こうした年俸調停制度を廃止し、ＦＡの期間を四年に短縮するべきだという狙いについて団が説明する。

「調停権を得られるまでに何回もマイナーに落とされるケースがあるからです。四年目のシーズンが終わればＦＡになるルールにすれば、三年目のシーズンを終えた段階でだいたいの選手が球団と契約延長の交渉に入ることができる。もしくは四年目が終わった頃、二七、八歳という選手としてのピークでＦＡを迎え、希望する移籍を実現することが可能になる。なぜ四年にすべきかというと、今の選手は三〇歳をすぎるとほとんど契約をとれなくなっているからです。

メジャーに規定の年数在籍してＦＡになれる選手だけでなく、マイナーも含めて見直しが必要です。球団の保留権は、大学から入団した選手は三年、高卒は五年、ドミニカ共和国や中南米で一〇代の若い頃に契約した選手は七年までにして、それ以上は球団が保有せず、選手はＦＡになれるようにする。そういうことをしていかないと、野球界が活性化していかないと思うんですよね。同じ制度を日本に入れてもいいと思います」

二〇〇三年にマイケル・ルイス著『マネー・ボール』が大ヒットしたアメリカではセイバ

ーメトリクスという統計学的分析手法が広まり、ＭＬＢの球団運営にも大きな影響を与えた。三〇歳を迎え、選手としてピークをすぎた選手が現在新たな契約を結びにくくなっている現状は、『マネー・ボール』以降の球団運営の変化と関係がある。団が続ける。

「以前はＦＡになると、例えば先発ピッチャーならどの球団も食いついて、莫大なお金を払い六、七年という契約をしていました。そうすると成績的にはだいたい三、四年しか金額に見合った活躍をせず、後の三、四年は減価償却のようになっていく。今のＧＭはデータからそういうことを分析して、自分たちの球団の経営方針をしっかり決めています。

今、アメリカには年俸が安くていい選手がいっぱいいます。ＦＡのルール上、球団は一軍で六年保有できるので、どんどん入れ替えをして若い選手を使っていく。もう各チームとも、昔のような〝不動の四番〟とか〝不動のエース〟という感覚ではないんですね。ある選手が六年経ってＦＡになったら、次のヤツを送り込むというくらい育成に力を入れています。球団はそうやって選手のコストをなるべく落としてコントロールしようとしている。そこに関係するのが保留権制度の長さです」

六年間のサイクルがあれば、球団は無数にいる無名の若手から明日のスターを育てることができる。データ活用が日進月歩のＭＬＢでは、グラウンド面の戦略から選手獲得、育成などあらゆる面が合理的にアップデートされている。

こうした変化により、割を食うように押し出されるのがベテランだ。ＦＡ権を得るまで年齢を重ね、その間に年俸が高額になった選手たちは、三〇歳前後になると新たな契約を得るのが難しくなっている。

だからこそ団は理想論として、選手たちが今よりもっと幸せになれるように、ＭＬＢにおいてもＦＡ権取得までの期間が短縮されればと思っている。

「選手の環境が良くなれば、球界も良くなる」

団へのインタビューを進めるうち、思わず訊きたくなったことがある。代理人として活動する上で、球界を良くしたいという気持ちはあるのだろうか。

「あります」

即答した団はひと呼吸入れると、言葉を継いだ。

「球界を良くしたいというより、選手の環境が良くなれば、球界も良くなると思います」

選手、球界とわざわざ順番づけたのは、もちろん理由がある。

「選手たちの年俸や状況が良くなれば、当然、経営者はそれだけコストも増えます。そうすると、従来以外のいろんな事業を考えていかないといけない。そこが発展だと思うんです。

フロントの人は『選手がみんなFAをすれば、球団は給料を払えない』とよく言いますけど、そうではない。払えるようにビジネスを拡大していけばいいじゃないですかという話です」

NPBでFA制度の導入が検討された際、日本ハムの球団代表だった小嶋が「時期尚早」としたのとまさしく根は同じ発想だ。FA制度によって選手個人の価値（＝年俸）を高めながら、人材の流動化を進め、球界の市場規模を大きくしていく。それが「球界の活性化」ということだ。FA制度の意義として、球団側も掲げていた大義名分である。

しかし、現状をビジネス的な観点で見ると、日米の明暗はくっきりと分かれた。

一九九五年時点でNPBとMLBの収益はともに約一四〇〇億円と同程度だったが、二〇一八年時点でNPBは一八〇〇億円ほどなのに対し、MLBは一兆円を超える。

「僕は経済の専門家ではありませんが」と断りを入れた上で、団は日米の〝格差〟について分析した。

「一九九四年にストが起きるまで、MLBの経営方針は割と日本に近いものでした。『はい、これが予算。これのなかでやってください』という形で、毎年『赤字だ、赤字だ』と言いながらやっていた。それが急に一九九五年から三〇球団が一つになり、コミッショナーのバド・セリグに全権を与えてテレビ放映権やライセンスビジネスなどリーグビジネスを始めた。結果、いろんな方面でものすごく右肩上がりに伸びてきたわけです。その裏にはおそらく、選手がＦＡ権を獲得したことで高騰しつづける年俸や、経営者側から提案されたサラリーキャップ制度が選手会のストで消えたことなどが関係している。選手たちが下から経営者を突っついた効果です。そうやってアメリカでは、今の野球界の大きな市場がつくられたのではと僕は見ています」

一九九四年、ＭＬＢでは一球団あたりの年俸総額に上限を求めるサラリーキャップ制度がオーナー側から提案された。選手会はこれに猛反発し、二三二日間というプロスポーツ界史上最大のストライキに打って出る。結局、オーナー側はサラリーキャップ制度を断念した一方、高騰を続ける年俸を支払うため、一九九五年からリーグビジネスに力を入れて収益を飛躍的に拡大してきた（オーナー側も年俸高騰に手を打つべく、二〇〇二年にぜいたく税の導入を実現させた）。

年俸高騰の大きな要因となったのが、一九七六年に導入されたＦＡ制度だった。同年のＭＬＢの平均年俸は五万ドル強だったのが、一九八八年には四四万ドル弱までアップし、二〇二〇年には四四三万二五三〇ドルまで膨れ上がっている。日本円にして、じつに四億七一二〇万円だ。こうした年俸を支払うためには、必然的にビジネスを拡大させていかなければならない。

かたやＮＰＢの場合、ＦＡ制度が誕生した一九九三年時点の平均年俸は一九六三万円だった。それから二七年後の二〇二〇年には、四一八九万円にアップしている。「史上初の四〇

○○万円超え」とニュースになったが、問題はこの数字をどう評価するかだ。FA制が導入された頃から倍以上になったものの、MLBと比べると桁が一つ少ない。日米でこれほど選手の待遇に大差がついているのは、リーグの収益に桁違いの開きがあるからと言うこともできる。

日本には〝野球屋〟が少ない

プロ野球というエンターテインメントビジネスは、ビジネスオペレーションとベースボールオペレーションの二輪で回っている。理想とされるのは、両輪をバランスよく回しながら球団（＝会社）の成長速度を加速させていくことだ。

その意味で、団が面白い表現をした。

「日本の球団の多くは、〝野球屋〟になり切れていないと思います」

MLBとNPBの市場規模のちがいは、この独特な表現によく表れている。

「日本の球団の親会社はみんな、資金力があると思います。でも、野球に対する熱意が足りないというか。二、三球団には〝野球屋〟という感覚がある一方、他はだいたい広告宣伝のために球団運営をやっているように見えます。たとえ赤字になっても、本社の広告宣伝費として計上できるわけですよね。チームがある程度勝ったり、新聞の一面を飾ったり、メディアに球団の名前が出ていることによって本社イメージも良くなる。そこがビジネスの一番メインなんだと思います。野球で利益を上げて球団を活性化していこうということではなく、まず本社がある。

アメリカの場合、野球で食っていかないといけないから、野球をどうやってエンターテインメントにして、利益を出して、チームを強くするかという考え方をします。そういうアメリカの球団と、日本の〝本社ありき〟の考え方にはおのずからちがいがあるのかな。おそらくソフトバンクや巨人は勝たないといけない意識が根底にあるから、近年の育成やスカウティングの進化につながっていると思うんですよね」

日本のプロ野球では、税務上の特例で、各球団の赤字を親会社にて損金算入することができる。ゆえに長らく、二〇～四〇億円の赤字経営でも当たり前とされてきた。それ以上に本社の宣伝価値があるからだ。

しかし二〇〇〇年代中盤からソフトバンク、楽天、ＤｅＮＡというＩＴ企業の参入が大きなきっかけとなり、スポーツビジネス化が進む。特に楽天が参入初年度の二〇〇五年に一五〇〇万円の営業利益を計上したことは、各球団が経営モデルを見直す大きなきっかけとなった。

二〇一二年シーズンから参入したDeNAは、球団関係者によると、当初は本社の知名度を高めることが球団を所有する第一の目的だった。しかし、そこから球団の赤字体質を見つめ直し、ビジネスとして当たり前の施策を打っていく。横浜スタジアムのボールパーク化や「アクティブサラリーマン」というターゲティングなどをおこない、ビジネス面をメキメキと成長させた。参入五年目に黒字化を達成すると、二〇一九年には一五億二五〇〇万円の利益を計上した。

楽天やDeNAというIT系だけでなく、一二球団全体のビジネスオペレーションは進化を続けている。収益モデルは以前のテレビ放映権型からスタジアムビジネスに転換され、一二球団全体の観客動員数は二〇一九年まで右肩上がりにアップしてきた。実数カウントを始めた二〇〇五年に一九九二万人だったのが、二〇一九年には三三%増の二六五四万人まで増加したのだ。

なかでも、目覚ましい変貌を遂げたのが広島だ。昭和から平成の時代には「貧乏球団」のイメージがつきまとったが、今やチケットが入手困難な人気球団だ。二〇一九年度の純利益は四億八七〇〇万円、利益剰余金は八七億一一〇〇万円にまで伸ばした。

ロッテは二〇一八年に球団初の黒字化（約四～七億円と言われる）に成功すると、翌年は約八億円の営業利益を出している（週刊ベースボールONLINEの記事「なぜロッテはV字回復で黒字転換できたのか⁉　球団の取り組みは今も進化し続ける」より（二〇二〇年一月二八日付）。

ただしビジネスオペレーションの伸び幅と同じくらい、ベースボールオペレーションが成長しているかどうかは疑問符がつく。少なくとも金額ベースで見ると、球団が収益を増やしているなか、選手たちは年俸に還元されているとは感じていない。選手会は球団に対し、「（収益と年俸の配分関係が明らかになる）計算書を出してほしい」と数年前から要求しているのは先述したとおりだ。

近年は広島や西武、日本ハムという資金力に劣る球団ばかりでなく、巨人、ソフトバンクという〝新旧〟「球界の盟主」、さらに楽天も若手の育成に力を入れている。これらの球団のうち、日本ハムと楽天以外が三軍制を敷いているのはその表れと言えるだろう（楽天は構想中）。

一方、FA権の有資格者のうち大多数が「行使せずに残留」を選んでいる事実は長らく変わっていない。人材の流動化、そして球界活性化を図るには、さまざまな制度の改革、さらに球界のあり方を見直すことが不可欠だ。

FA改革、エクスパンションの実現へ

〝野球屋〟の少ない日本のプロ野球は今後、どうすれば成長していくことができるだろうか。

構造改革を進めるためにも、団はFAの取得年数を五年に短縮すべきだと主張する。

「プロ野球に五年間在籍すれば、一軍だろうが二軍だろうがフリーエージェントになれるようにすればいい。選手を〝球界全体の財産〟として見れば、A球団がたくさん投資して、B球団に移籍した後に活躍したとしても、〝球界全体〟という枠組みで考えれば損はありません。自分の球団に五年しかいない前提だから、（契約金や年俸について）一定以上の投資をする必要がないわけです。四年目までに成績や能力が良ければ、複数年契約に切り替えればいい。さらに海外FA権を七年でとれるようにすれば、五年で国内FA権を行使した選手の多くは、その後の二年は活躍しますよね。そうやってルールをうまく使いながらやっていけば、国内のプロ野球が活性化していきます。海外に行きたい選手は行って、日本に帰ってきたらまたそのプールに入ればいいわけです」

プロ野球選手の全員が入団時に統一契約書にサインしていることを考えると、どの球団の選手も〝球界全体の財産〟と見なすこともできる。そうした発想を持てば、選手の流動化は各球団にとって決してマイナスにはならない。

昨今、若者が世界に出てチャレンジすることはサッカーやバスケットボール、あるいは音楽やショービズの世界でも称賛される。野球界でも選手たちはアメリカへの志向を強めている。その一方、各球団の主力級がMLBに移籍するたび、「流出」という表現が使われてきた。

マスコミを含め、〝プロ野球村〟の住人たちがいまだに旧来的な価値観に囚《とら》われている表れと言えるだろう。

プロ野球も、日本という小さな島からもっと選手たちが飛び出していけば、業界全体として成長していけるはずだと団は考えている。

「日本の球団の人はよく、『海外に選手を持っていかれるのが怖い』と言います。でも、向こうで五年、一〇年プレーする選手はほんの一握り。アメリカに行き、帰ってくる選手もいっぱいいます。そうやって国際化していかないと、野球のレベルも上がっていきません。FAやポスティングなどのルールをうまくアジャストすれば、プロ野球はもっといろんな形をとれると思うんですよね」

全選手が五年で国内FA権を取得できるようにすれば、チーム内での競争が激しくなり、球団間で優秀な選手の獲得競争が活性化する。五年で戦力外になる選手も増えるだろうが、一方、選手会が提案している現役ドラフトの必要性はなくなる。「飼い殺し」という概念自体が自然消滅するからだ。そうしてプロ野球は真の競争社会となっていく。

人材の流動化が進むことで、実現の可能性が高まる構想がある。エクスパンションだ。

プロ野球全体の成長はもちろん、足元で進む子どもの野球離れに対して有効な一手を打つためにも、団はエクスパンションの必要性を主張する。

「プロ野球はもっと計画性を持って、一四球団、一六球団に増やしていくべきだと思います。独立リーグもＮＰＢの傘下に入れて、若い選手を育成するためにどんどん試合をやっていく。そうすることで地域が活性化して、少年が野球をやるような環境をつくっていく。やっぱり身近にプロ野球を見ていくことで、子どもたちの夢も変わると思うんですよね。そうなるのに五年、一〇年はかかると思いますよ。子どもの野球人口が増えれば、プロ野球のチームを増やしてもある程度のレベルは保てます。あとは外国人枠を撤廃すること。そして台湾、韓国と交流試合というか、リーグ戦を含めたアジアンメジャーリーグの組織づくりをしていく。日本のプロ野球には、やることがたくさんあると思いますね」

選手会が変わらないと、日本球界は変わらない

団の事務所でインタビューを午前一〇時に始めてから、すでに二時間が経過していた。自らの手で選手の道を切り開いてきた男の頭のなかには、未来につながるアイディアが詰まっていた。

もちろん現実を変えるにはさまざまなハードルが立ちはだかるが、乗り越える道は必ずある。重要なのは、当事者が強い意思を持つことだ。

取材が終盤に差し掛かるなか、団に一つ訊きたいことがあった。代理人業を通じ、日本球界をどう変えていきたいと考えているのだろうか。

「吉本興業のパワハラが問題になりましたけど、野球界ももっと改革されていかなければいけないですよ。やっぱり、選手が代理人という制度を使うべきだと思います。代理人を使ったら何が変わるかと言えば、変わらないです。なぜなら球団は保留権を持っていますからね。いくら代理人が『年俸一億円をください』と言っても、球団から『いや、八〇〇〇万だ』と言われれば、それしか受け取れない。あとはメディアキャンペーンで悪口の言い合いになって、イメージがお互いにどんどん悪くなるだけでプラスにはなりません。

とはいえ第三者がお金の話をすることによって、交渉がもう少しスムーズにいく可能性はありますよね。『球団が保留権を持っているのはわかっていますけど、A選手と同じような成績です。A選手が五〇〇〇万もらっているなら、五〇〇〇万欲しいです』と論理的な話をできます。球団はそれを呑むか、『うちは予算がないから四五〇〇万にしてくれ』と言うか、とにかく大人の話ができるはずです。一人で交渉の場に行って、『自分はこれだけ活躍したんだ』と言える選手はなかなかいません。だから交渉に、代理人のような〝誰か〟を入れるのは大事だと思います。

ところが今の制度では、スポーツマネジメントを勉強している学生が『俺は代理人になる』

と門を叩いても、『弁護士じゃないとダメだ』と言われる。『じゃあ』と言って弁護士になる人なんてほとんどゼロですよね。そこは選手会を含めてもう少しオープンにしていかないと、野球界は何も変わっていかない気がします」

ＮＰＢで労使の対等性が極端に低いことは、他ならぬ選手自身が一番気づいている。だからこそ、元選手の木村昇吾は代理人の必要性を訴えた。団は当事者として、自分たちが果たせる役割をわかっている。

あとは選手たちがどう受け止め、総意としてどんな主張をしていけるかだ。

「彼らは選手〝会〟なんですからね」

団はそう言うと、提言を続けた。

「最低年俸を上げてもらえるように。同じシーズンで二軍に何度も落とせないように。ポスティングの権利が得られるように……。選手会が組織として動き、そういうソリューションをつくっていかないと、日本の野球界は何も変わらないでしょう」

FAを「宣言」させる悪影響

当事者である選手自身が声を挙げることで、現実を変える第一歩となる。四半世紀前、Ｆ

Ａ制度の導入はそうやって実現された。

ただし制度を導入するだけでは、必ずしも現実は変わらない。要求を実現するには、仕組みを適切に設計する必要がある。ＦＡ制度に致命的な〝欠陥〟があるのは火を見るより明らかだ。だから、九割の選手に利用されていないのだ。

そもそも保留制度へのカウンターとして導入されたＦＡ制度で、なぜ、選手が「宣言」させられるのだろうか。私にとって取材の出発点となった疑問を投げかけると、団は大きくうなずいた。

「状況的に考えると、ＦＡを宣言するということは、その背景に何かがあるからするわけです。何もなければ、選手は宣言しません。そうすると、宣言をするかなり前から、宣言をさせるようなことが起きていると見ることもできる。七年、あるいは八年経ったら全員自動的にＦＡにならないと、不正が起きかねない」

球界でタンパリングが〝公然の秘密〟としておこなわれていることは、プロ野球関係者や取材現場に行く記者なら誰もが知っている。ファンもネット上でそう囁いていたほどだ。そうしてＦＡ権を行使して移籍が実現する際、選手が〝踏み絵〟の前に立たされることになる。

宣言制度による悪影響を受けるのは、当事者たる選手だけではない。団が指摘する。

「現行の制度を改善していかないと、ＦＡ権を持たない他の選手がかわいそうですよ。だって、他球団に移っても活躍できる選手が各チームから一〇人ずつFAになれば、それぞれ一〇人の枠が空くわけです。球団はそこを埋めていかないとチームが成り立たなくなるから、お金をかけてチームを編成していく。そうして市場が活性化して、ファンもマスコミも『誰々があのチームに行くのか』『うちのチームにはあいつが来てくれるのか』となる。『これで来年は勝てる』と期待を膨らませたり、『あいつより、この選手を獲得すれば良かったのに』という議論が生まれたりする。そうやってマスコミもビジネスも活性化されていくはずです。なのに、古い制度をいつまでも使っているから、実際に選手が苦しんでいる。トップの選手は、どこの球団に行っても大丈夫ですよ。でも、トップではない選手は大変です。彼らを守るのが選手会の原則だと思います。選手会は組合ですから、選手たちは全員平等です。選手会が全員の権利を守っていかないといけないのに、守っている対象はほんの一部だけ。そこがアメリカの選手会と日本の選手会の考え方のちがいなのかもしれません」

このままでは、日本の野球界は何も変わっていかない――。

団が何度もそう語ったのは、彼が未来志向だからこそだろう。日米を行き来するなかで、ダイナミックに変わっていくMLBの姿を目の当たりにしながら、変化の遅い日本球界の問題が自然と透けて見える。それに対して見て見ぬフリをせず、はっきり指摘する。そうした言動の裏にある、強い意思を感じた。

団へのインタビューを終えると、時計の針は正午を回っていた。地下鉄大江戸線の青山一丁目駅まで歩く途中、小道に見つけた喫茶店でハンバーグ定食を食べることにした。

地下への階段を降りて扉を開けると、古びた店にはタバコの煙が充満している。店の選択を間違えたように感じたが、とにかく腹が減っているので紫煙は我慢する。私は八年前まで愛煙家だったが、今では副流煙が苦手だ。以前住んでいた英国では一〇年以上前にパブリックスペースでの喫煙は禁じられていたものの、日本の古き慣習はなかなか変わらない。

ハンバーグ定食が運ばれてくるのを待ちながら、団のインタビューを反芻した。とりわけ日米の選手会への指摘は、代理人ならではのものだった。

NPBではFA制度の導入後、平均年俸が上昇している一方で、最低年俸はほぼ変わっていない。一九八六年に二八〇万円だったのが、翌年三六〇万円、一九九一年に四〇〇万円に上げられ、二〇二〇年現在は四四〇万円だ。国税庁の民間給与実態調査によると、同年の日本人の平均年収は四四一万円。プロ野球選手の最低年俸はこれとほぼ同じである。

対してMLBの最低年俸は、二〇〇三年に三〇万ドルだったのが二〇一九年に五六万三五〇〇ドル（約六二〇〇万円）まで引き上げられた。NPBとの金額面の比較はさておき、MLBでは二〇一六年以降、最低年俸は毎年上昇している。マイナーリーグについても、メジャーの出場経験を有するか、四〇人枠に一度でも入っている選手は八万九五〇〇ドルを最低年俸として保証されている（二〇二〇年時点の金額）。

なぜ、日米の球界ではこれほどの差があるのだろうか――。

「日本の球団の多くは、〝野球屋〟になり切れていないと思います」

タバコ臭い喫茶店で運ばれてきたハンバーグ定食は、団が口にした独特な表現をずっと考えていたからだろうか、普通の味しかしなかった。

エピローグ

久しぶりに訪れたＪＲ渋谷駅前の光景は、すっかり変わり果てていた。

いつ来ても大勢の老若男女であふれ返っていたスクランブル交差点には、日中でも人と人が十分な距離をとれる程度の人数しかいない。道玄坂を登って小道に入ると、ますます人の数は少なくなっていく。はたして日が落ちた後、クラブやラブホテルが居並ぶこの通りを訪れる者はどれほどいるのだろうか。

会見場に指定されたビルの会議室に入ると、一〇人ほどの記者が十分な距離をとって座っている。もちろん、全員マスク姿だ。ニューノーマルの世界では、口と鼻を覆うのが〝正装〟である。

二〇二〇年春、世界中を襲った新型コロナウイルスの感染拡大は、社会の光景を一変させた。外国人観光客がこぞってカメラを向けた渋谷の街のイメージは、もはや遠い記憶の彼方のものとなっている。

真夏を思わせる暑さの六月一五日、私は二カ月ぶりに電車に乗って渋谷に向かった。もともと人混みにまみれるのは苦手だが、この日は特に警戒心が強くなる。埼玉でのリモート生活に慣れ、都心に向かう足はいつも以上に重く感じられる。

それでも渋谷まで出かけたのは、〝もう一つのプロ野球〟が会見を開くからだった。二〇〇五年に誕生した四国アイランドリーグＰｌｕｓが今年、高校生を対象としたトライアウトを開催するという。

「たらればの話ですが……」

同リーグを運営するＩＢＬＪ株式会社の社長、馬郡健《まごおりたけし》は前置きをすると、トライアウトの目的について説明した。

「今年はＮＰＢも開幕が遅れてしまい、二、三軍も活動の場が限られてしまうのではと思っています。今年の一〇月二六日にＮＰＢドラフト会議がリスケジュールされました。どこまで新しい選手がＮＰＢに参入できるか、未知数だと私どもは思っています。（大会が中止になって）アピールできない高校生、大学生など野球選手がたくさんいるなかで、独立リーグの役割は非常に大きくなっていく可能性があると思っています。そういうなかで（新入団選手の）枠を増やさせていただいて、野球のある日常を取り戻していく一助に、我々が役割を果たせるのではと思っています」

独立リーグは、野球界の新たな「受け皿」と表現されることがある。

バブル崩壊以降、社会人野球で企業を母体とするチームが大きく減少したなか、プロ野球の夢を追いかける選手たちにとって独立リーグは一つの選択肢となっている。四国アイランドリーグの発足から二年後の二〇〇七年にＢＣリーグ（ベースボール・チャレンジ・リーグ）がスタートし、関西独立リーグが二〇〇九年、北海道ベースボールリーグが二〇二〇年に誕生した。

同じ「プロ」と言っても、ＮＰＢのように華やかな世界ではない。給料が出るのはシーズン中のみで、年収は二〇〇万円程度だ。関西独立リーグと北海道ベースボールリーグの選手は無給でプレーしている。

それでも、球界で独立リーグが担う役割は決して小さくない。北陸や北関東、四国などＮＰＢ球団の本拠地がない地域に根差し、野球教室や普及振興活動をおこないながら地元の少年少女に野球の魅力を伝えている。角中勝也《かくなかかつや》（高知ファイティングドッグス→ロッテ）や和田康士朗《わだこうしろう》（富山ＧＲＮサンダーバーズ→ロッテ）をはじめ、毎年ＮＰＢに選手を送り込んできた。

そうした独立リーグの代表格である四国アイランドリーグは今年、丸亀製麺などを経営するトリドールホールディングスにスポンサードされ、高校生を対象にトライアウトを実施することを発表した。馬郡によると、四国には各学年に一五〇〇人の男子野球部員がいるなか、一〇％が次のステップで野球を続けている（推定値）。それが今年は新型コロナウイルスの影響で進路に悩む高校生が多く出ると予想され、「夢の続きを追いかける機会」を提供したいというのだ。

ピンチをチャンスに――。

コロナショックの直後から、日本中でそう言われつづけている。人と人の直接的なコミュニケーションが大きく制限を受け、社会のあり方が改めて見つめ直される一方、世の中を変革するにはこれ以上ない絶好のタイミングだ。

とりわけ野球界にとって、古くから続くさまざまな問題を見つめ直すチャンスである。私だけでなく、メディアや学者のなかにそうした見方をする者がいた。

なぜなら高校野球の甲子園大会や夏の地方大会が中止に追いやられるなか、代替大会の開催に手を差し伸べることができるのは、資金的に余裕のあるプロ野球くらいだ。コロナショックの渦中にNPBと日本高野連が手を取り合うことができれば、「プロアマの壁」と言われる構造問題の解決につなげていけるかもしれない。

高校球児を助けるべく、真っ先に行動に移したのが日本プロ野球選手会だった。

日本高野連に対して六月一五日、代替大会の開催費用に充ててほしいと一億円の寄付を発表した。同連盟の会長を務める八田英二《はったえいじ》は、「プロ野球の選手の皆さんは元高校球児で、球児たちの思いをわかっていただけて本当にありがたい。プロ、アマの垣根をこえた貴重な思いに感謝して寄付をお受けしたい」と話している（NHKの記事「プロ野球選手会 高野連に1億円寄付金贈呈 独自大会を支援」より）。

対してNPBは、静観を決め込んだ。五月一一日におこなわれた臨時一二球団代表者会議の後の記者会見で、代替大会の資金援助などで高野連と連携する考えがあるかと聞かれたコミッショナーの斉藤惇《さいとうあつし》は、こう答えている。

「なかなか難しい問題ですね。高野連さんは伝統的、歴史的に収益がらみ、企業がらみというものとは独立していく方針を厳しくとってきています。できるだけ巻き込まれないようにしていこうという方針でございましたので、今のところ高野連から相談を受けていないので、我々は静かに見守っていこうと思います」（「Number Web」の記事「プロとアマも、セとパもばらばら。野球界の意思統一と協力体制は？」より）

座して待つコミッショナーと、自ら動いた選手たち——。

高校球児が悲嘆に暮れるなか、両者のスタンスはあまりにも対照的なものだった。

二〇一九年七月、日本高野連は加盟校の硬式野球部の部員数が前年度比で九三一七人減少したことを発表した。五年連続の減少で、一九八二年に調査を始めてから過去最大の減少幅だった。

少子化が進むなか、子どもたちの野球離れはそれ以上のペースで加速している。その要因について、私は前著『野球消滅』（新潮新書）で詳しくリポートした。学童野球のお茶当番や指導者による怒号罵声という旧態依然とした環境だけでなく、「プロアマの壁」をはじめとした球界の構造問題も大きく関係している。

今回、プロ野球のFA制度をテーマに本書を執筆したのは、子どもの野球離れを何とかできないかと考えたことが出発点だった。野球の普及振興活動を日本全国に広げるには、圧倒的な資金力を誇るプロ野球の力が欠かせない。もしエクスパンションが実現し、球団数が一四や一六と増えていけば、フランチャイズとしてカバーできる地域も多くなる。そのためにはFA制度の改革で移籍を活発にし、ベンチや二軍で燻っている選手が持てる力を発揮できるような環境を整えれば、球団数増によって「プロ野球のレベルが落ちる」という問題も解決できる。FA制度の改革は、ひいては野球界全体にとってプラスになるはずだ。

そう考えて取材を進めると、FA制度に潜む問題はプロ野球の抱える問題と本質的に同義であることがわかった。特に、NPBがプロ野球全体を活性化させるために機能していない弊害が大きい。もともとNPBは〝調整機関〟として存在してきたが、赤字経営が当たり前だった時代はすでに終わっている。プロ野球を取り巻く状況は大きく変化しており、現在や未来の成長を最大限にめざせる環境を球界全体で整えていくべきだ。

そのためにもFA制度改革が不可欠だと、取材を通じて痛感した。タンパリングがおこなわれていると当たり前のように球界関係者が囁き、周囲が黙認する環境は〝異常〟である。スポーツマンシップに反し、スポーツ団体としての成立条件を自ら崩している。「宣言」制度は即刻廃止すべきだ。

なぜ、FA権を取得した選手に行使を「宣言」させるのだろうか。日本ハムの球団代表を務めた小嶋武士に訊くと、返ってきたのは間接的な答えだった。第2章で詳述したように、先にFA制度を導入したMLBから「二の舞を踏んではいけない」と忠告を受け、選手たちにとってFA権を使いにくい条件にした。それこそが、選手たちが〝踏み絵〟の前に立たされる理由だ。

小嶋に話を聞くうち、「宣言」させる理由にこだわっても仕方ない気がしてきた。大事なのは、球団側がどんな思惑を込めて制度を設計し、球界の未来をどう考えていたのかだ。

小嶋が指摘したように、NPBという組織はあまりにも未熟である。「共存共栄」という発想が極端に薄く、各球団の力関係でプロ野球の進む道が決まる。九〇年代以降にMLBがビジネス規模を拡大できたのは、レベニュー・シェアリングやリーグビジネスなど機構全体の成長を求めたことによるところが大きい。逆に言えば、NPBには「共存共栄」という考え方が極めて薄いため、成長のスピードが遅く、そのスケールが小さい。今後エクスパンションの議論を深めていくためには、分配金制度などプロ野球全体として繁栄をめざせる仕組みづくりが必要になる。もちろん、ＦＡ制度の改革も不可欠だ。

本書はＮｅｗｓＰｉｃｋｓ内のスポーツページ「ＳｐｏｒｔｓＰｉｃｋｓ」で連載したものを大幅に再構成した。同メディアの黒田俊編集長、そして本書を担当してくれた亜紀書房の高尾豪氏に感謝する。また、取材に協力してくれた全員にお礼の言葉を記したい。彼らの提言は、当事者であるプロ野球選手たちにどう響くだろうか。もし現行のＦＡ制度に不満を抱いているとすれば、現状を変えられるのは選手自身に他ならない。

二〇二〇年に世界を直撃したコロナショックの影響は、今後数年続くと見られる。日本社会を暗いムードが包むなか、人々がプロ野球に期待するものは大きい。ＮＰＢにまだまだ成長の余地が残されていることは、本書を手にしてくれた人なら理解できるだろう。今後プロ野球が少しでも良い世界となり、より多くの子どもたちが憧れる場所になることを願うばかりだ。

二〇二〇年八月

中島大輔

[著者紹介]

中島大輔（なかじま・だいすけ）

1979年埼玉県生まれ。上智大学卒。スポーツ・ノンフィクション作家。

2005年よりセルティックの中村俊輔を4年間スコットランドで密着取材。帰国後は取材対象を野球に移し、「日経産業新聞」「週刊ベースボール」「スポーツナビ」「スポルティーバ」等に数々の記事を寄稿。19年から「文春野球コラム」で西武の「監督」を担当。著書に、『人を育てる名監督の教え』（双葉新書）、『野球消滅』（新潮新書）、ミズノスポーツライター賞優秀賞を受賞した『中南米野球はなぜ強いのか』（亜紀書房）がある。

プロ野球 FA宣言の闇

2020年10月2日　第1版第1刷　発行

著　者　中島大輔
装　丁　金井久幸＋藤 星夏 [TwoThree]
発行所　株式会社亜紀書房
〒101-0051
東京都千代田区神田神保町1-32
電話03（5280）0261
http://www.akishobo.com
振替 00100-9-144037
印刷所　株式会社トライ
http://www.try-sky.com

ISBN978-4-7505-1670-7